Serie Literatura y Cultura

Editor General: Greg Dawes

Editora a cargo de la serie: Ana Peluffo

Otros títulos publicados en esta serie:

El Tango entre dos Américas
La representación del tango en Estados Unidos
1910-1939

ANDREA MATALLANA

Universidad Torcuato di Tella

Editorial

Raleigh

Reservados todos los derechos de esta edición para:
© 2013, Editorial *A Contracorriente*

ISBN: 978-0-9853715-2-4

....

Library of Congress Control Number: 2012956253

Library of Congress Cataloging-in-Publication Data:

El tango entre dos Américas : La representación del tango en Estados Unidos, 1910-1939
Raleigh, NC : Editorial A Contracorriente, 2013 / p. cm.

ISBN 10: 0985371528
ISBN 13: 978-0-9853715-2-4

....

Diseño de interior y tapas: Samuel F. Sotillo

Esta obra se publica con el auspicio del Departamento de Lenguas y Literaturas Extranjeras de NORTH CAROLINA STATE UNIVERSITY

Este libro está dedicado a mis esenciales:
Delfina por su ardiente impaciencia
Julia porque no habrá ninguna igual
Alejandro Gómez, mi compañero
y
Ezequiel Gallo, un maestro.

Índice

Introducción

There was a tango maiden
and she had a tango smile
she wore a tango bonnet
and she danced a tango mile
she met a tango teacher
and became his tango wife
and ever since they have lived, I hear
a tangled tango life.

Había una doncella de tango
y tenía una sonrisa de tango
llevaba un sombrero de tango
y bailó una milla de tango
conoció a un profesor de tango
y se convirtió en su tango esposa
y desde entonces han vivido, he oído,
una vida de tango enredada.

Margaret Mason
The Washington Times, 5 de febrero de 1914

La literatura sobre el tango en la Argentina ha enfatizado la idea de las dos orillas: Montevideo y Buenos Aires, como los espacios de creación y reconocimiento de la música rioplatense, tomando como un capítulo aparte el hecho de su exportación hacia escenarios que prestigiaron y cambiaron algunos de sus significados. En la historiografía del tango, la ciudad de París es presentada como uno de los principales escenarios de exportación, hecho relevado por varios autores académicos y de divulgación de la historia de este baile (Castro; Dinzel; Matamoro; Pujol, *Valentino en Buenos Aires*; Cassio; Cadícamo).

La historiografía sobre la Ciudad de Buenos Aires y algunos

análisis sobre la historia social y cultural de la Argentina de principios del siglo XX no pueden soslayar la emergencia del tango como producto cultural y expresión de un imaginario social de la época. El tango posee una transversalidad en el análisis, ya que atraviesa diferentes objetos y temas de investigación: la esfera del consumo, los estudios culturales, el impacto de los medios de comunicación, y la historia social aparecen vinculados a la danza porteña. Sin embargo, y a pesar de su intensidad, no es sencillo encontrar un estudio que centralice y domine los diferentes aspectos referidos al tango. Historias, relatos, anécdotas, compilación de letras de canciones, estudios académicos de diversa índole demuestran la amplitud que provee el tango como formulación cultural e iluminan aspectos de este tema.

En el caso de los análisis provenientes de Argentina autores como Eduardo Romano (*Sobre la Poesía Popular Argentina*) o Sergio Pujol han redefinido el tango como objeto de estudio. En el caso de Romano, contextualizándolo en la esfera de las producciones culturales y los medios de comunicación; en el caso de Pujol, con sus estudios sobre Buenos Aires y el contexto cultural y social típico del fin de siglo XIX y comienzos del XX. Ambos han fijado nuevos puntos de análisis sobre la ya conocida interpretación de Blas Matamoros o algunas de las aproximaciones hechas por Pablo Vila ("Le tango et la formation des identités ethniques en Argentine") y Susana Azzi (*Antropología del tango. Los protagonistas*). También, el análisis del tango se nutrió con las clásicas compilaciones y biografías que constituyen una bibliografía imprescindible para conocer personajes, instrumentos, modos de ejecución y la construcción de una poética que articula con un contexto histórico (Collier; Barsky y Barsky; Salas).

En mi opinión, en la línea de estudios que deben ser atendidos al momento de analizar la construcción del tango y su globalización deberíamos mencionar tres: uno ya clásico, y dos más recientes que introducen un nuevo debate en torno a la exportación del mismo. El primero es el de Marta Savigliano (*Tango and The Political Economy of Passion*) quien a partir de un análisis de las economías imperiales estudia la construcción de un imaginario apasionado y exótico expresado en el tango bailado. La *economía de la pasión* de la que habla se expresa en el análisis de la puesta en movimiento del tango y la voluntad de domesticar el cuerpo a través de los manuales de baile del período de la Primera Guerra Mundial.

En este sentido, la autora ha realizado una importante contribución al campo de los estudios culturales, y una dilucidación profunda de la inserción social del baile en los contextos foráneos. Los otros dos estudios que contribuyen de manera diferencial a un análisis más integral del Tango y su expansión mundial son el de Adriana Bergero (*Intersecting Tango: Cultural Geographies of Buenos Aires, 1900-1930*) y el de Florencia Garramuño (*Modernidades Primitivas: Tango, Samba, y Nación*). En el primero, la autora se propone un ambicioso proyecto en el cuál el análisis de la literatura de la época y algunas fuentes centrales de los medios de comunicación de interés general aportan en la descripción de una cartografía del tango. La ciudad de Buenos Aires, a través del análisis de los imaginarios urbanos y la construcción de subjetividades se presenta como vertiginosa, sobre todo si se toma en cuenta la intersección de los mundos de clases sociales. Las tres partes que conforman este estudio incluyen un análisis de los espacios y geografías de las clases altas, los mundos interiores de las mujeres trabajadoras, además de aspectos vinculados a las cuestiones de género, la misoginia propia de una parte de la poética tanguera y cierta literatura de la época. El análisis toma al tango como una expresión de la modernidad (caracterizado como "monumental polimorfismo") plasmada en la ciudad de Buenos Aires y, en este sentido, el libro gira sobre esa modernidad más que sobre el tango aun cuando sea la "mejor ventana para observar la vida cotidiana de la argentina en el primer estadio de la industrialización" (Bergero 132). Sin embargo, la ardua empresa de describir esos procesos de construcción de imaginarios contiene serias limitaciones históricas. Las posibilidades que ofrece la literatura, si bien son amplias, no debería ocupar el sentido histórico de la transformación material y social que la ciudad ofrecía, sumada a los cambios de la escena política (Caimari); pero además el texto deja de lado la importancia de la esfera de la industria cultural y la materialidad de la existencia cotidiana en la cual fonógrafos, radios y discos se instalan en la interpelación de las identidades sociales. Los textos literarios y tangueros que se utilizan para el análisis expresan, sin dudas, un amplio panorama de los estereotipos de la época: Carriego, Borges, Blomberg, Discépolo y Olivari entre muchos otros constituyen parte de un corpus que conforman la cartografía de la poética tanguera. Es probable que el periodo deje fuera la fortaleza de la obra de Manzi y Expósito entre varios otros letristas de la década del treinta y cuarenta, que lejos de reflejar los lúgubres escenarios que describe en esa ciudad sin amor, enfatizan un melancólico optimismo de los nuevos tiempos.

El caso de Florencia Garramuño se aproxima, desde una dimensión cultural, al problema que toca este libro: la exportación del tango y la modernidad expresada en su trayecto vanguardista. El texto examina la idea de Nación y Modernidad, y como estos elementos se consolidaron en la historia de dos ritmos principales (el tango y la samba) y como la industria cultural (fundamentalmente el cinematógrafo) tuvieron una importancia decisiva en la construcción del lazo entre nacionalidad y modernidad. El texto examina de una forma profunda y compleja cómo lo primitivo y lo moderno coinciden en la construcción cultural. Esa confluencia entre los modernos primitivos se expresa no sólo en la literatura sino en la música, la danza y el cine, de tal forma que echa luz sobre el mismo objeto de estudio sumando una comparación con la cultura de Brasil. Si bien no examina desde el punto de vista práctico y económico la impronta de la construcción de la industria cultural, creo que el ensayo nos permite captar en un sentido más amplio las manifestaciones de estas expresiones culturales. Sin embargo, reseñando esas limitaciones nuestro libro abarca otros aspectos, uno de ellos es la construcción material de la industria cultural. Intentaremos revisar no sólo cómo el fonógrafo implicó una experiencia social diferente sino cómo las compañías norteamericanas incorporaron una diversidad de músicas que incluyó al tango y lo llevó a los salones más destacados y a los populares bares del centro de las ciudades.

Si sólo consideráramos la literatura tanguera (e incluso la literatura en un sentido amplio), este libro sería imposible: porque según este imaginario nadie quedó anclado en Nueva York sino en París, y ningún tanguero saludó a Nueva York, Chicago o Los Ángeles con su "araca" sino a París... ninguna prostituta significativa murió en Nueva York sino en la ciudad luz. Estados Unidos y sus importantes ciudades fueron constantemente omitidos en la literatura tanguera, e incluso en la literatura popular. ¿Cuál sería el motivo que llevaba a omitir el éxito tanguero en Nueva York en las primeras décadas del siglo XX? Dos posibles respuestas se entrelazan: la primera, París era la referencia obligada de la alta cultura y, por derivación, de la cultura popular. La segunda, Estados Unidos era visto, política y económicamente, como un competidor y no un proveedor de capital económico ni cultural. En términos generales la Argentina de las primeras décadas del siglo XX miraba a Inglaterra para proveer y satisfacer su modelo económico y a Francia en un intento de emular su modelo de educación, moda, cultura y estilo de vida. Las crónicas porteñas que hablan sobre la presencia del tango en Nueva York lo hacen con cierto desprecio y prejuicio sobre el estereotipo norteamericano conocido en Buenos Aires como *el yankee*.

Este libro transcurre sobre la idea de que Estados Unidos no sólo copió a Europa sino que redobló la apuesta cultural. Y en este viaje de exportación a Nueva York, fundamentalmente, muchos quedaron anclados en aquella ciudad, y fueron pocos los que pudieron saborear el éxito artístico y regodearse como en el *foxtrot* "Rubias de New York" que Gardel cantó a mediados de los años treinta. Ambas conjeturas son guías de nuestro análisis.

Este libro aborda el estudio del tango desde una perspectiva sociocultural. En un libro anterior (Matallana), habíamos planteado la relación entre la producción local del tango y las estrategias de exportación para el caso Europeo, aunque también habíamos vislumbrado el impacto sobre los escenarios norteamericanos. Allí pusimos de relevancia dos dimensiones centrales: lo local y lo externo además de incorporar la dimensión de la construcción de la industria cultural como soporte de la expansión del tango en Argentina y Europa. Ese análisis nos sirvió para comprender el rol que la industria norteamericana había jugado en la construcción del campo del consumo de ocio y entretenimiento. Analizamos cómo el tango que llegaba a Europa a comienzos del siglo XX era un ritmo bailable con una musicalidad heterogénea que no poseía letra ni poética traducible. Era un tango mudo que se expresaba en un conjunto de nuevos bailes foráneos representados en los escenarios de entretenimientos más destacados del mundo. Sin embargo, algunas fuentes revelan que llegó casi al mismo tiempo a los principales escenarios de entretenimiento en los Estados Unidos: Nueva York, Los Ángeles y Chicago, y en todo caso fue la reconstrucción histórica en Argentina, la que hizo ver a París como la única escena destacada en la narrativa de la historia del género musical y bailable.

El tango ingresó en Europa en los primeros años del siglo XX. Llegó a partir de las múltiples conexiones diplomáticas y económicas que permitían interesar a círculos sociales destacados en las experiencias exóticas de otras culturas. Era bastante conocida en la época, la anécdota que sindicaba al secretario de la delegación argentina en París (un tal "Anchurina")[1] como quien había introducido el tango en *chez Maxim's*. Para los extraños, el baile insinuante resultaba difícil de comprender; unos lo criticaban por indecoroso; otros, con más o menos éxito, intentaban incorporarlo, aún en medio de la incomprensión. Quizá la rareza surgía del hecho de que algunos miembros de las clases altas adoptaran un baile de origen popular y extranjero.

La llegada del Tango a los Estados Unidos se realizó a través de tres vías: la primera, como resonancia europea. La sociedad norteamericana de comienzos de siglo XX imitaba las modas de las principales ciudades de Europa y, en la medida en que llegó a los altos círculos sociales de Francia e Inglaterra, los norteamericanos la importaron. La segunda, vinculada a la anterior, fue la danza. Los cambios sociales de estos años trajeron las novedades en los ritmos bailables. En este sentido, el *one step*, el *maxixe* y el tango se incorporaron a los festejos de los sectores altos (por medio de las patrocinadoras de bailes, por ejemplo) y, posteriormente, se socializó en los diversos centros nocturnos. En este sentido, el instructor de baile de tango (profesional o amateur) fue indispensable hasta que se incluyó en los manuales de danza y llegó a las academias profesionales. En 1913 ya se hablaba de la *tangomanía*, una verdadera locura por lucirse en este nuevo baile. En los círculos elegantes se comenzó a extender esta música, se fundaron academias de enseñanza y se editaron manuales de aprendizaje. En Argentina, en 1912, se sabía que en Europa "ser bailarín de tangos es mérito que se cotiza; a sus catedráticos se les "mangia" de lejos por su modito cantor, su manera de pisar fuerte y por su mirada de caburés de ocasión" ("El Exito del Tango" 52). A comienzos del siglo, el tango se bailaba en diversas orillas: en las orillas del Sena, del Támesis, en los canales de Venecia e incluso en las orillas del río Hudson.

La tercera vía de inclusión fue el procesamiento que las industrias culturales hicieron de este ritmo. La expansión del tango coincidió, y no casualmente, con el éxito del consumo de los nuevos soportes sonoros (fonógrafos, gramófonos, cilindros y discos) que se diversificaron en modelos y nuevos sonidos.

El contenido exótico que identificaba al tango, se extendía a otras versiones musicales, en este sentido la música porteña convi-

---

1. Se trata de la Familia Anchorena.

vía con nuevas expresiones como el *foxtrot*, el *maxixe*, el *turky trot* y el *one step*. Aunque, fundamentalmente, el tango no era imitado por exótico sino por ser moda en Europa. El exotismo se cruzaba con el erotismo del baile. La resonancia que esta expansión tuvo en los diarios norteamericanos debería ser comprendida, en primera instancia, como una estrategia para reflejar las modas europeas, la circulación de las novedades musicales y los eventos en los círculos sociales del viejo mundo: se importaban formas de diversión y de consumo cultural. Posteriormente, se la incorporó a la industria cultural, en el cine y en la radio, y a una visión hibrida del panamericanismo.

El punto central de esta investigación es que la moda del tango que cautivó a los europeos y a los norteamericanos, difícilmente hubiera sido exitosa si no iba acompañada por la expansión de un nuevo producto técnico: el disco de pasta. La invención del fonógrafo y el gramófono a fines del siglo XIX cambió las percepciones del "escuchar música", ya no se trataba de estar presente mientras otros interpretaban un repertorio musical, y tampoco se trataba de saber leer música para poder ejecutarla en el tradicional piano. Los modernos soportes sonoros cambiaban el modo de disfrutar de la música, simplemente podía oírsela, sin necesidad de trasladarse a un teatro, ni siquiera requería de un capital cultural determinado. Esta invención se difundió rápidamente durante los primeros años del siglo XX y se expandió en su modo de producción a los más diversos países.

La presencia del tango en la sociedad norteamericana durante los años bajo análisis obedece, en primera instancia, a los cambios sociales que el período de la *Belle Epoque* imprimió a las ciudades modernas. La metrópolis moderna generaba cada vez más consumidores, creaba nuevas necesidades y proveía una industria que seducía, mediante la publicidad a estos sujetos con el fin de satisfacer esas necesidades a través del consumo. Se trataba de generar una nueva comodidad, un nuevo placer, y por ende una comodidad individual (Sennett).

Este libro analiza la representación del tango en los principales escenarios de entretenimiento en los Estados Unidos, a lo largo del período 1910 hasta 1939. Intentaremos describir el modo en que esta música y su danza se establecieron como una de las atracciones predominantes de los inicios del siglo XX hasta la llegada de la Segunda Guerra, donde comienza a experimentarse un cambio en los ámbitos del entretenimiento. No hay dudas de que Nueva York y Los Ángeles fueron los dos escenarios principales para las representaciones del tango en Norteamérica. Las rápidas transformaciones que se dieron en estas ciudades, la aceleración de los procesos de producción cultural y la vorágine que las envuelve durante las primeras décadas del siglo ofrecen un marco complejo para revisar los diferentes modos de representación. A lo largo del período, algunos actores sociales e instituciones tuvieron un rol predominante: las patrocinadoras de bailes fueron uno de los grupos más activos en la incorporación del tango a las reuniones sociales; las ligas de mujeres, los diversos clubes e instituciones sociales se ocupaban de organizar eventos en donde este baile se hizo visible. En los años veinte, a pesar de la prohibición de consumo del alcohol y del control del estado sobre los salones bailables, el tango se mantuvo en escena sosteniendo su rasgo novedoso y, finalmente, en los años treinta, y aún con la crisis económica, fue representado en diferentes eventos e incluso en los novedosos medios de comunicación como la radio y el cine hablado.

A fines del período, en 1939, las necesidades culturales eran otras: el tango parecía ser demasiado triste y melancólico como para ser atracción principal en las diversiones. De pronto, pareció anticuado en comparación con el auge del *jazz*, los *crooners*, la conga y el mambo. El signo de los tiempos durante la Segunda Guerra ponía como principales protagonistas ambientes alegres y espectaculares. En ese contexto, el tango disolvió su presencia en los sonidos de otros ritmos más movedizos. No desapareció totalmente, y Buenos Aires siguió siendo un escenario recurrente, pero confundido y transportado a otras culturas sudamericanas y centroamericanas por la vía del panamericanismo. Este análisis se inicia con las primeras resonancias que se tuvieron en Buenos Aires acerca del éxito de exportación tanguero. Para eso buscamos algunos indicios de la llegada del tango a tierras norteamericanas a través de la prensa argentina con el objeto de revisar si aquella exportación se hizo mediante el adecentamiento tan difundido o fue, en algún sentido, desordenado, espontáneo y sin seguir un patrón sistemático como creemos.

Tras las huellas de la exportación

Nos es tarea fácil identificar el momento en que el tango apareció en la prensa porteña como un baile sin ninguna connotación peyorativa que refiriera a un origen de clase baja o al lumpenaje de Buenos Aires. Si bien desde finales del siglo XIX aparece esporádicamente en algunas crónicas, la connotación de que se trata de una expresión del arrabal es una constante. Sin embargo, fue imponiéndose en los espacios de diversión y ocio de la sociedad porteña dejando al costado su estirpe de clase baja. Los comentarios sobre el tango que aparecieron en los diarios y revistas, dan cuenta de cómo este baile se despliega en la ciudad de Buenos Aires, en Rosario, Santa Fe, Salta, entre otras locaciones. Las milongas, tangos y música criolla iban esparciéndose en diferentes ámbitos y el gusto por bailarlo y escucharlo crecía. Desde 1903, por ejemplo, los tangos de Villoldo eran publicitados como las novedades de la incipiente industria de los cilindros en un lugar destacado del aviso publicitario.

Si seguimos las crónicas de la revista *Caras y Caretas,* una de las más reconocidas publicaciones de interés general de principios del siglo XX, el tango refería al inicio del siglo al ritmo de origen español. En las publicidades fueron muy comentados los tangos andaluces que aparecían en las primeras grabaciones de cilindros puestos a la venta junto al nuevo dispositivo del fonógrafo, o los tangos zarzueleros representados en los teatros españoles. En 1902, la música porteña era defendida cuando el intendente de la ciudad, Sr. Bullrich, decidió prohibir los organilleros. Esto implicaba que un personaje callejero que reproducía con su organito los más variados sonidos populares desaparecería del barrio.

En aquel momento, una crónica defendía al organillero diciendo:

"con frío, calor o fango,
Allí su vida prolonga la gente bailando el tango,
O al compás de una milonga
O los sones del fandango" ("Reclamación Filarmónica" 32)

Mezclados entre sí aparecen el tango, la milonga y el fandango como parte de los sonidos populares de la época. En otras oportunidades, los tangos eran asociados a las épocas de Leandro Alem y Adolfo Alsina, es decir 1870-1890, como parte del ambiente compadrito de los clubes políticos que se reunían en algunas esquinas de la ciudad. En 1903, un articulista afirmaba que: "el compadrito criollo y el italiano acriollado de La Boca eran los famosos cultivadores del tango" (Pitta 43), muy lejos de la idea del baile de negros, de los sones mulatos e, incluso, de la influencia hispana directa, el tango del que se hablaba era el producto de la mezcla entre el inmigrante y lo criollo. El Sargento Pitta, firmante de la nota, señalaba al italiano acriollado, es decir al habitante que había recibido una híbrida influencia española, como protagonista de los tangos. Al comienzo del siglo, se temía su desaparición y lo que constituía una virtual tabla de salvación de esta música eran las actuaciones de los hermanos Podestá en los espectáculos circenses realizados a lo largo de todo el país. Sin embargo, la figura del compadre que ejercía el rol protagónico del baile se perdía, "si no asistimos a su ignorada muerte, oímos el fúnebre tañido de las campanas que anuncian su agonía". Al mismo tiempo que se imponía el lamento por la futura pérdida, llegaban noticias desde Europa donde "el tango de los yanquis" (el *cake walk*), un baile que tenía poco que ver con el baile rioplatense pero que el periodista definía como una especie de tango traducido del porteño al inglés "hace furor en los saraos de la aristocracia parisiense, importado desde las Américas". El movimiento que enunciaba la revista era diferente al que se sostiene a lo largo de las historias del tango escritas en los inicios del siglo XX: llegó primero a Europa el *cake walk* y este ritmo le abrió las puertas al tango. Parecía ser que el siglo se iniciaba con una crisis del tango y la expectativa era un reflorecimiento de la mano de la música negra norteamericana. Esto permitiría que no se perdiera "el pasito punteado y sandunguero, y la quebrada que hacía barrer el suelo con la oreja" (Pujol, *Historia del Baile: de la milonga a la disco* 55). En este contexto, el tango era baile – no música, ni letra – y era producto de la hibridación migratoria: compadres, italianos acriollados, parte del espectáculo circense.

De acuerdo con las crónicas, hacia 1902 en algunos salones de Buenos Aires se bailaba el *cake walk* que era considerado un tango pero con mayor movimiento. Este ritmo era reconocido como una danza de negros, proveniente de Estados Unidos, y la opinión era negativa respecto de la propiedad para ser bailado en la sociedad porteña. Parecía ser que los tangueros no tenían el ritmo requerido para hacer bien los movimientos. El tango, mezclado con estas imitaciones extranjeras, se colaba y legitimaba en diferentes espacios de entretenimiento. En febrero de 1904, los carnavales ponían en evidencia su nuevo esplendor en Buenos Aires, si bien antes había sido ignorado ahora era glorificado, se bailaba en el Politeama, en la Opera y en el Argentino donde el estilo de tango con corte conquistaba los mayores aplausos ("Bailes de Carnaval" 32). El diagnóstico que hacía la revista coincidía con los movimientos que artistas como Alfredo Gobbi y Ángel Villoldo comenzaron a hacer: primero fueron hacia Europa (Francia o España) y, posteriormente, a Estados Unidos en el caso de los Gobbi. Debieron pasar varios años para que los coletazos del tango en París comenzaran a tener eco en la prensa porteña. En 1911, se sabía que era moda en Europa, aunque era materia de bromas para la revista. En el teatro Femina de París se había realizado un concurso de tango, cuyo jurado estaba compuesto por lo más granado de la aristocracia europea: la princesa Lucien Murat, el Príncipe León, la vizcondesa de Riancey, el barón Henri de Bermingham, el conde de Praadiré, Mr. Andre de Fourquieres, entre varios otros. En aquella oportunidad, el tango fue presentado como el baile de la más elevada sociedad argentina y este señalamiento provocó las bromas de los humoristas de Caras y Caretas: "alégrense compositores que se pasan la existencia escribiendo música titulada Limpiate el naso, Francesco; Spianta que viene el Chaffe; Me protege Don Benito o cosas del estilo, alégrense: pronto les abrirá las puertas la Sorbona" ("Buena Propaganda"). Para ese entonces, el arribo del tango a la sociedad europea era indudable, aun cuando el sentido de la expresión hubiera sido absolutamente exorcizado del origen. El temor de los años anteriores ya no tenía sentido, no podía dejar de repararse en la ironía del empeño puesto en evacuar su origen y colocarlo como una expresión aristocrática. Este hecho movía a risa: "si en París algún guarango, os falta el respeto un día, decid con altanería – soy de la patria del tango". No era necesario señalar que sólo algunos podían ir a París, y no eran los que generaban el nuevo orgullo nacional del tango a la usanza de Europa.

Al saberse de la moda del tango en Europa y Estados Unidos, muchos artistas, y algunos improvisados, aprovecharon la oportunidad para viajar a probar suerte en aquellos escenarios ávidos de música porteña. En 1912, el actor Francisco Ducasse se convirtió en profesor de tango y tuvo el privilegio de enseñarle a bailar a la princesa de Bonaparte. El tango iba de las academias a los escenarios, y de los escenarios a los salones: en aquel momento, era el rey universal de los salones de baile. En Buenos Aires, a fines del siglo XIX, en algunos lugares de mala fama se enseñaba a bailar el tango con corte, pero las academias como espacios institucionalizados de aprendizaje se conocieron hacia la década de 1910. No sólo se enseñaba formalmente en Buenos Aires sino en París o Nueva York. La demanda de aprendizaje en el extranjero permitió a algunos porteños tomar conciencia de que bailar el tango podía generar sabrosos dividendos; esto produjo que muchos ocasionales bailarines intentaran hacer su "América" en Europa o en Estados Unidos. La ciudad de París estaba atestada de academias de tango, muchos de los que viajaban para enseñarlo tenían medianas condiciones para el baile, pero aprovecharon la oportunidad y se establecieron allí donde la demanda crecía. *Caras y Caretas* señalaba que "algunos se enorgullecen más del título de bailarines de tango, que del que hayan podido conseguir por sus estudios" ("El Exito del Tango" 52). Entre aquellos que viajaron estaban El Cachafaz, Casimiro Ain y Bernabé Simara reconocidos bailarines en el ámbito del entretenimiento en Buenos Aires. El caso de este último es interesante ya que no sólo fue uno de los primeros en establecerse en París, sino que en 1913 viajaba a San Petersburgo para dar clases de baile en aquella ciudad. En algunas fotografías, Simara aparecía vestido de gaucho mientras bailaba el tango casi una década antes que Rodolfo Valentino lo hiciera en *Los cuatro jinetes del Apocalipsis* ("El Tango en Europa" 23).

Posteriormente, el bailarín se estableció en Venecia, participando de un famoso show en el Lido, volviendo a Buenos Aires en los años de la Gran Guerra. En 1915, Bernabé Simara actuaba en un concurso de danza que realizaba la Liga de ayuda de Jóvenes Amigos del Hospital para Deformados de Nueva York. La fiesta se realizó en el Jardín de Baile del William Morris, en el New York Theatre ("Paul Jones Club Holds Charity" 9).

Cuando en 1913, Jean Richepin comenzó a insistir con los orígenes antiguos del tango, la prensa porteña se ocupó de darlo a conocer e, incluso, de entrevistarlo. Los estrafalarios argumentos de Richepin hicieron las delicias de los chistes de la publicación. No podía menos que sorprender el argumento que ponía el origen del tango en las danzas griegas: "cualquier día de la semana hubieran aprendido en Buenos Aires mucho más clasicismo que leyendo veinte tomos de arqueología" ("El Tango en la Antigua Grecia" 31). Muchas páginas se escribieron acerca de la *tangomanía* en Europa, el auge de las modas tangueras, la curiosidad de que se inventara un color tango o un vestido tango, que no poseían ninguna referencia, excepto el nombre, al ritmo ni a su contexto originario. Cuando, al inicio de 1914, no se hablaba de otra cosa que de esta locura, José María Salaverria era muy claro en sus apreciaciones. Si se viajaba a Europa o Estados Unidos, y se entraba en un centro nocturno la música hacía recordar bares y parajes porteños. El compás, el tono, el ritmo eran familiares, causaba una hermosa impresión escuchar los acordes de un tango en aquellos lugares remotos. Sin embargo, la decepción no se hacía esperar: no estaban en Buenos Aires, ni en el centro ni en los barrios. Con los ojos cerrados, ese tango sonaba casi igual al original – es entendible, muchas orquestas estaban compuestas por argentinos o uruguayos – el verdadero problema eran los bailarines: "una pareja de *Yankees*, con sus botas de montar y su canana al cinto, que bailan el hiperbólico tango, con más genuflexiones y unas paradas absolutamente horribles (...) He ahí dos mujeres, que bailan sin saber qué bailan, que han recibido un par de lecciones someras y que lo que ignoran lo inventan" (Salaverria 65-66), el resultado era un híbrido: alumnos que no habían aprendido lo suficiente, pies que se movían sin gracia, piernas que rozaban secamente las del compañero, no tenía el toque que cualquier bailarín porteño sabía sacar a relucir en las pistas. El cronista, que declaraba no poseer un interés chauvinista sobre el tango, sus movimientos y su moda, era claro en su conclusión: "sentí una indignación, una pena, una gana de protestar a voces, sentí deseos de convertirme en un devoto tanguista".

A principios de siglo, que el tango se bailara en Europa, especialmente en Francia, era absolutamente asimilable para un porteño. En última instancia, París era uno de los escenarios más valorados por ciertos sectores de la ciudad de Buenos Aires. Parecía no importar demasiado si se lo bailaba bien o mal, si se parecía o no al baile porteño. La llegada del tango a París era una suerte de conquista de la Argentina hacia Europa, no se trataba sólo de una exportación. En este sentido, la reacción adversa se vislumbraba cuando se trataba del público norteamericano: no había tradición común, ni vislumbraban los brillos de las luces norteamericanas, y en todo caso se creía que Estados Unidos era un rival o principal competidor para la Argentina. De tal modo que el cronista no le reconocía a las clases altas norteamericanas ningún estilo refinado ni clase: quienes bailaban el tango eran los *yankees* con sus botas texanas y sus cinturones de armas. Esto no era más que imaginación: lejos de tratarse de rudos tejanos los que impusieron el baile del tango en las principales plazas de Estados Unidos eran algunos de los miembros de los refinados sectores de Nueva York, Chicago y Los Ángeles.

I

Apuntes de una ciudad moderna

"This town, said he, "is a leech. It drains the blood of the country. Whoever comes to it accepts a challenge to a duel (...) is a monster to which the innocence, the genius, and the beauty of the land must pay tribute. Hand to hand every newcomer must struggle with the leviathan. (...) I despise its very vastness and power. It has the poorest millionaires, the littlest great men, the lowest skyscrapers, the dolefulness pleasures of any town I ever saw."

"Esta ciudad, dijo, es una sanguijuela. Se chupa la sangre de la tierra. Quien viene acepta el desafío a un duelo (...) es un monstruo al que la inocencia, el genio y la belleza de la tierra tienen que pagar tributo. Mano a mano, todos los recién llegados tienen que luchar con el Leviatán, (...) desprecio su inmensidad y poder. Tiene los más pobres millonarios, los más pequeños grandes hombres, los más altos rascacielos, los más tristes placeres de ninguna otra ciudad que haya visto".

O'Henry (William Sydney Porter) ("The Duel")

El comienzo del siglo fue una época de grandes cambios en la vida social. Para algunos, como el caso de O'Henry, los cambios del mundo moderno eran una verdadera desgracia, en tanto la ciudad se convertía en un monstruo capaz de devorar a los individuos. Los representantes conservadores, líderes rurales por ejemplo, veían en Nueva York la nueva Gomorra con los teatros, salones nocturnos, el alcohol, el anonimato (W. Leuchtenburg 36). Como William Jenings Bryan había señalado "Nueva York era el enemigo del país". Para otros, como Scott Fitzgerald, el inicio del siglo abría un período de esplendor y cambios inigualables.

En 1914, el diario *Times* de Londres sostenía que el espíritu de otros tiempos se había perdido. Los concurrentes a los bailes, por ejemplo, ya no se conocían entre sí y muchas veces hasta desconocían al anfitrión de la fiesta. Entre los invitados ya no existía una relación de mutua confianza. El organizador del festejo no conocía a todos los invitados y en muchos casos ni siquiera tenía el deseo de saber quiénes eran. En algunos ámbitos, las participaciones a las fiestas no respondían a un criterio de confianza sino de conveniencia y a la necesidad de crear una velada exitosa. La clave de la época era la diversión, bailar y pasarla bien.

En este sentido, la descripción del periódico resuena en el análisis de Georg Simmel sobre las características de las metrópolis modernas: por momentos, los individuos se aturdían con la gran ciudad; por otros, estaban maravillados del contexto de cambio que conllevaba. Para Simmel, el tumulto producía inestabilidad, llevaba a los individuos a una actitud displicente y complaciente. Como lo señala Fritzsche: "viajar a lo loco, competir con brutalidad, probar de un modo promiscuo" eran señales típicas del individuo moderno (45). La falta de preocupación, de prejuicio social, llevaba a una actitud de indiferencia emocional que suponía cierta seguridad en sí mismos y cierta autonomía. La sociedad europea parecía encontrarse ante "el supremo triunfo del materialismo de nuestro tiempo: el materialismo que busca placer" ("Fashion in Dancing" 3). Como señalaba el articulista del *Times* "las muchachas modernas van a bailar con un hombre y a menudo con más de uno (...) ninguna puede imaginarse no ser convocada al baile". Los jóvenes, según esta fuente, vivían en "una atmósfera de independencia. Ellos prefieren hacer sus propios arreglos a verse forzados a bailar con alguien con quien no están a gusto".

En los años de la Primera Guerra Mundial, las *flappers* hicieron su aparición en escena. Los padres de la nueva generación observaban consternados cómo sus hijos eran capaces de desconocer los antiguos códigos sociales que habían recibido en su primera educación. Para Winona Wilcox, el término *flapper* provenía de la sociedad británica pero en los Estados Unidos había cambiado su sentido: lejos de referirse a una chica de 15 o 16 años, honesta, charlatana que no respeta las opiniones de sus hermanos y bromea con sus amigos, terminó refiriendo a las niñas neoyorquinas a la moda: "las maquilladas, peinadas, fantásticamente vestidas, precoces y poco sentimentales niñas que vulgarizan los ideales modernos de la virginidad", al usar esta palabra para definirlas se estaba maltratando a la jerga. Su derivación duplicaba su importancia: "en el vocabulario inglés *flapper* es un ave joven incapaz de elevarse en vuelo, especialmente un joven pato salvaje" ("Women of 1917 'The Flapper'" 13). En la sociedad norteamericana, esta designación se refería a las niñas de la alta sociedad con un estilo de vida banal, que bailaban hasta la madrugada, frecuentaban los *tango-teas* y tenían un dudoso futuro.

Laura Jean Libbey, una conocida novelista norteamericana, era crítica respecto de los cambios en las costumbres. Consideraba que las muchachas que bebían cócteles, bailaban tango y pasaban una alegre tarde, eran muy interesantes para los hombres sólo por un rato, ya que ninguno de ellos nunca pensaría casarse con alguien que tuviera un comportamiento tan indiscreto y liberal. El consejo de la escritora iba dirigido a las madres de aquellas niñas de sociedad: cuidar las costumbres de sus hijas era imperioso, debido a que muchas creían que ser "populares" era una buena estrategia para un casamiento, mientras que "tener siempre un cocktail listo, invitar a amigos varones a visitarlas durante la tarde y bailar sin ninguna razón" sólo las alejaba de aquello que debían alcanzar: el candidato para un buen matrimonio (Libbey II 3). La consternación que implicaban los cambios en la vida moderna llevaba desde una preocupación general de los padres hasta la condena moral de la sociedad. Las relaciones de autoridad de padres a hijos estaban cambiando, y en este sentido no sólo las madres de las muchachas debían preocuparse sino también la de los varones que, bajo la influencia de los nuevos estereotipos femeninos difundidos por la prensa, modificaban su comportamiento. La novedad era que estos deseaban tener su privacidad, no querían ser tutelados ni controlados por sus padres, y se comportaban de formas extrañas no sólo a sus espaldas sino en las reuniones sociales: varones y mujeres discutían con igual e impersonal franqueza temas de su intimidad casi como si se tratara de los "resultados de un juego de pelota. (....) Mi hijo está esperando ansiosamente el día en que tenga la edad suficiente para imprimir sus labios en la mejilla de alguna *flapper* que le gusta" (Mother VI 1). La aparición de la "nueva mujer", minoritaria y urbana, ponía en entredicho los lugares tradicionales de la sociedad norteamericana. *Flappers*, sufragistas, participantes de las campañas en contra de la ley anti-alcohol, quedaron implicadas en un estereotipo similar mostrando las nuevas capacidades y roles que ellas podían ocupar (Lerner).

Desde Estados Unidos había dos escenarios visibles para

copiar las nuevas tendencias europeas: París y Londres, dos importantes centros financieros y culturales. En un sentido más amplio se podrían incluir otras grandes capitales europeas como Viena y Berlín. Todas ellas expresaban la vida nocturna, los bailes, los paseos y los barrios característicos de la vida moderna. La ciudad de París era un escenario central de la cultura, la vanguardia y la moda y, a comienzos del siglo XX, el destino de las clases altas norteamericana. Ella fue, entre 1889 y 1900, escenario de exposiciones internacionales que asombraron al mundo industrializado. En estos tiempos, la escena artística de Montmartre adquirió una enorme relevancia en la vida cultural de París, hecho que iba ser señalado de forma regular por la prensa norteamericana. Fue una etapa de desarrollo de las industrias del ocio y el entretenimiento que crecieron a un paso raudo (Jones 377).

Desde el punto de vista de la vida nocturna, Londres parecía ser demasiado conservadora en comparación con las otras capitales. Y aunque continuó siendo el modelo de la discreción en las formas y el buen gusto, representando el estereotipo de una alta sociedad selecta atemperada por la tradición, empalidecía ante los escenarios más dinámicos como París o Berlín. Esta última llamaba profundamente la atención de los norteamericanos porque parecía haber abandonado la rigidez de la ciudad imperial para convertirse abiertamente en un pandemónium de diversiones: "Berlín está decidida a ser agradable. Explota de lujo en los salones de baile". Se hablaba de la procesión nocturna de un salón de baile hacia otro y aún con la frescura que aportaban las nuevas ciudades norteamericanas, "nada en Broadway, ni en Saratoga ni Chabelín en Washington, o en cualquier establecimiento millonario, será como los lugares de Berlín: Roma borracha!". La ironía que presentaba esta impronta moderna era que con toda sus luces, dinero y emoción, el verdadero placer no provenía de allí ya que parecía obligada a ser moderna e impresionar al turista, pero no era auténtica: "Los americanos, aplicando su estándar familiar de gastar dinero, de obvio esplendor logrado, no extrañarán la belleza que no está allí (en Berlín), ni el intangible encanto que ha sido destruido por toda esta búsqueda evidente de placer" (Pollard 9).

Los norteamericanos veían a Europa como un mundo de fulgor y excesos, con una agitada vida nocturna y un esplendor único que sólo la historia podía darles. Para el novelista Percival Pollard, Berlín era Babilonia por su constante bacanal, por la innovación, las modas del baile, y una megalomanía que ponía en cuestión la calidad de sus gustos culturales.

En el caso de Viena, el esplendor y la cultura que la caracterizaron, era declarado muerto por la prensa norteamericana. La que fuera una de las más alegres y esplendorosas capitales europeas había dejado su distinción y sofisticación para mostrarse como una ciudad donde reinaba la solemnidad y el pesimismo. El indicador era evidente: las casas de negocios reemplazan a los magníficos palacios (Schorske).

Por su parte, la prosperidad económica de los Estados Unidos se expresaba en el crecimiento entusiasta de las ciudades, en sus parques, avenidas e innovaciones edilicias.[2] La exposición de Columbia marcó el momento en que los europeos tomaron en cuenta el urbanismo floreciente en los Estados Unidos a partir de la impronta de la ciudad de Chicago, una de las últimas ciudades en crecer urbanísticamente de un modo vistoso y eficaz (Rybczynski 155).

Nueva York era una de las más pujantes ciudades de Norteamérica y marcaba contrastes interesantes: por un lado, representaba el triunfo de la modernidad, los negocios, la industria y el espectáculo, cosmopolita y metropolitana, y por el otro, tropezaba constantemente en sus límites con escenas que mostraban el mundo bucólico y aburrido del pasado: "¿Quien no ha vivido en la ciudad por largo tiempo y se ha cruzado alguna vez, o más de una vez, con una vaca vaga o una cabra a lo largo de Great White Way? Tal vez era propiedad de un artista de circo, pero aún así el efecto era sin lugar a dudas extraño". Vecindarios que se debatían entre el mundo rústico y controlado de otros tiempos, bajo el impacto del cosmopolitismo centralista. La mezcla del anonimato de la gran ciudad y los vecindarios de gente conocida que todo el tiempo hablaban de lo mismo, repitiendo una y otra vez las mismas rutinas. A pesar de este sesgo localista que todavía sobrevivía, los habitantes de Nueva York se identificaban con la metrópolis y tenían "un profundo desprecio por el provincialismo de pensamiento y acto, que es el mejor ejemplo de ellos mismos" (Bleu SM15)

A la vuelta del siglo, Nueva York era considerada una de las ciudades más ruidosas del mundo. William Griffith decía, en 1905,

---

2. Prueba de esto eran Coney Island en Nueva York o algunos extravagantes edificios de Chicago.

que la modernización de la ciudad hacía que el ruido fuera insoportable. Las corridas de los banqueros, el caos de la bolsa de comercio y las calles con sus vehículos eran parte de esa conmoción que implicaba vivir en una gran ciudad: "veinte millas de polvo de macadán, que es silencioso, completan el registro. Podríamos levantar el velo e ir veinte años hacia el futuro, contemplaríamos una ciudad de aproximadamente 8 millones de habitantes – una ciudad de distancias magníficas eliminadas por los maravillosos trabajos del genio de la ingeniería". Esbeltos edificios y bulliciosas calles se construían a un paso rápido. Los grandes edificios en alto fueron la consecuencia del crecimiento de la población a través del componente migratorio y la limitación del espacio que implicaba la isla de Manhattan (Rybczynski 157). Pero, además, esta ciudad expresaba la informalidad de la vida social americana: su visión práctica y utilitaria en la que convivían negocios y diversión.

Como sostenía Stephen Chalmers en *The New York Times*, quizá Broadway eclipsaba a Piccadilly Circus y sus otros rivales en París o Viena porque tenía características especiales y poseía lo mejor de cada una, todo "moderado con una tonalidad natural". El novelista creía que Nueva York era la "arteria" más importante de los Estados Unidos, y Broadway la más importante en el mundo. Quienes creían que ella no podía igualar y superar a París, Londres o Viena era porque no la habían experimentado: "la meca de todos los buscadores después de la diversión, de todo aquel que tiene dinero o lo tuvo alguna vez, el escenario de toda la moda, de todo lo excéntrico y, al mismo tiempo, todo lo que es farsa y burla de la vida sencilla" (Chalmers SM 5).

En la primera década del siglo XX, Chicago era una de las ciudades que estaba siendo rediseñada y que rápidamente rivalizaría con Nueva York. Había realizado la Exposición Universal de Chicago en 1893, que le otorgó un amplio prestigio en relación con su estilo arquitectónico iniciando algunas de sus obras edilicias más importantes. Como Nueva York, adoptó la regulación de las casas vecinales pero su urbanización se extendió a lo largo del Río Chicago. Sin embargo, en 1913, algunos representantes de la ciudad como Thomas Daughter clamaban por nuevas reformas:

> "no pido que derriben el Loop... Chicago es una ciudad grande en población y ferrocarriles, que es todo lo que se puede decir de ella... Ninguna ciudad del mundo tiene menos prosperidad general que Chicago. Esto puede sonar duro para aquellos que tienen

planes de embellecimiento. Sin embargo, se debe hacer frente a las condiciones, si vamos a corregirlas. Tenemos que saber por qué Chicago carece de belleza en general" ("Loop Stores Cannot Run City").

Por su parte, Los Ángeles era considerada líder entre todas las ciudades del mundo por su enorme desarrollo y, de hecho, se veía a sí misma como una ciudad que había realizado grandes progresos en los aspectos artísticos y estéticos. Las estadísticas de 1914 la mostraban como uno de los grandes centros musicales de Norteamérica, sobrepasando a ciudades comercialmente poderosas como Chicago. Las ventas de discos de fonógrafos, rollos de pianolas e instrumentos musicales eran destacadas por los diarios locales. Las cifras que marcaban el aumento del número de profesores de música, danzas, teatros, y de localidades vendidas demostraban que no era sólo una ciudad industrial y comercial "sin gusto ni cultura, sin apreciación musical" sino que podía rivalizar con Nueva York en muy pocos años ("Over Eight Millions Put into Music Here Yearly" II 1).

El cosmopolitismo norteamericano implicaba el eclecticismo de las mezclas de las modas europeas: la transformación de los contenidos propios de las culturas del viejo mundo eran procesados como modelo híbrido, es decir moderno. La mezcla internacional caracterizó no sólo la época descripta sino el sentido de una nación cosmopolita. El estilo *norteamericano* se daba en los hábitos, las artes y las modas: "Nueva York toma sus modas de París y luego felizmente las distorsiona". Las mujeres al vestirse daban un sentido práctico a la moda, no se trataba de un arte sino de un negocio competitivo donde eran rivales. El vestirse expresaba "una divergente combinación de realismo e impresionismo el cual revela nuestra incertidumbre racial. No estamos todavía seguros de nosotros mismos (...) Tenemos sombreros realistas – con vida: con frutas, efectos animales, toda la flora y la fauna del país y de la tierra agrupada sobre el jardín de la azotea humana". De esta forma jocosa, el escritor y editor Thomas L. Masson describía el ensamble y elaboración que los americanos hacían con las novedades provenientes de París, la cima de la moda y el estilo. La modernidad norteamericana llegaba a transformar de maneras ridículas esos elementos creando una hibridación que parecía demostrar la falta de seguridad de la propia identidad, al mismo tiempo que la creaba (Masson 12). Como veremos, no sólo se trataba de ropas o sombreros, sino de crear todo un estilo a partir del universo del viejo mundo. En ese contexto, la moda del tango arribó a los Estados Unidos en los tempranos años del siglo XX para ser mostrado, no como una producción extraña, sino como una práctica reinventada en su copia del modelo europeo.

En este ámbito que dejaba atrás su provincialismo y explotaba su modernidad, el furor del baile, los nuevos sonidos y movimientos fueron practicados casi con obsesión. Estaban importando las modas europeas para intentar adaptarlas y superarlas.

Colonizador colonizado, Estados Unidos no dejaba de mirar a Europa para traer las expresiones que podían generar un vínculo de pertenencia al mundo civilizado, todo aquello donde la alta sociedad europea se viera involucrada iba a ser comentado en la prensa norteamericana (Hoganson 262). La imitación de las modas implicaba un posicionamiento social. Se importaban prácticas que otorgaban un lugar en un círculo pequeño y, además, llevándolas a cabo se legitimaban. Como veremos, la invocación a las más variadas aristocracias europeas (París, Berlín, Londres, Luxemburgo, Venecia) servía como modelo de autorización para incluir las prácticas.

II
Lejos de Buenos Aires

"The *tempo* of the city had changed sharply. The
uncertainties of 1920 were downed in a steady golden
roar and many of our friends had grown wealthy. But the
restlessness of New York in 1927 approached hysteria.
The parties were bigger (...) the pace was faster, the
shows were broader, the buildings were higher, the
moral was looser and the liquor was cheaper."

"El *tempo* de la ciudad había cambiado drásticamente.
Las incertidumbres de 1920 se ahogaron en un constante
estrépito dorado y muchos de nuestros amigos se habían
vuelto ricos. Sin embargo, la agitación de Nueva York
en 1927 se acercaba a la histeria. Las fiestas eran más
grandes (...) el paso más rápido, los espectáculos más
amplios, los edificios más altos, la moral más relajada y
el licor más barato".

Scott Fitzgerald
(*My Lost City: Personal Essays, 1920-1940*)

La versión canónica de la llegada del tango a Europa corresponde
al período anterior a la Primera Guerra Mundial y ha tenido como
foco principal la idea de que el tango fue adoptado en los círculos
sociales de clase alta europea por tratarse de un producto exótico
que refería al interés por el "otro lejano". Ya sea en la versión más
simple que considera a lo exótico como todo elemento que es exterior al sujeto que observa, sea como una estética de la diversidad.
La construcción social llevada a cabo a partir de la comparación con
"lo otro" hizo pensar que era el contenido particular de la expresión
exótica lo que se imponía para llamar la atención.

Hemos sostenido que, en el caso particular del tango, su visibilidad en Europa tuvo que ver con la economía de sentido física y

perceptiva, éste permitía una creación al bailar y una proximidad física que difícilmente se diera en los otros ritmos que se impusieron hacia fines del Siglo XIX y comienzos del XX (Matallana). Comparados con la *polka*, el *maxixe* o el *shimmy*, el tango ofrecía un roce físico, la proximidad del abrazo y el entrelazamiento de las piernas que era inhóspito en las otras expresiones de la danza. En todo caso, si este ritmo fue tratado como exótico, lo fue en la medida en que este adjetivo podía disimular las ansias de bailarlo y legitimar la experiencia.

Esta interpretación que puede ser adoptada para la comprensión del fenómeno en Europa a comienzos del último siglo no es asimilable al caso de los Estados Unidos. Cuando el tango llegó a Nueva York, Los Ángeles e incluso recorrió el país, lo hizo en un intento de copiar las modas europeas, no en el sentido de experimentar lo exótico como la radicalidad de la existencia de un otro. En todo caso el erotismo del tango, en la versión europea, concitaba una enorme atención en los individuos que deseaban aprenderlo y ejercitarlo. Cuando el tango llegó a la *high society* norteamericana, que imitaba las modas exitosas en Europa, creó un efecto de pertenencia a una "clase privilegiada". En la medida en que el tango se incorporó a los ámbitos de diversiones en Estados Unidos sus ventajas se hicieron visibles: la nueva forma de relación física, más atrevida que las danzas practicadas hasta entonces.

En 1911, *The New York Times* lo describía como una danza extravagante que era moda en América Latina. Y señalaba que Mademoiselle Mistinguett, una excéntrica bailarina de París, lo había traído a Europa. El mismo diario, en abril de 1911 mencionaba una nueva danza "ya casi famosa llamada tango, presentada desde la sureña Argentina, que el pueblo la baila en tabernas y salas populares". La calificación de extravagante trazaba la distancia requerida entre la alta cultura y el mundo vulgar y popular. Las noticias de las modas parisinas llegaron durante todo el año. Se sabía, entre otras cosas, que en Dinard una villa francesa que frecuentaban los norteamericanos de clases altas, se bailaba durante ese verano junto al denominado "triple Boston" y que "después de algunos experimentos fue descartado: la mayoría de los bailarines lo encontraron un poco *risqué* y más apropiado para los salones de baile de Montmartre que para un baile privado" ("Dancers from París Introduces New Steps in Society" SM10).

El efecto de este interés llevó a la prensa a darle importancia a la participación del bailarín Maurice en diferentes espectáculos y exposiciones de bailes. Su figura fue muy destacada en la escena del espectáculo, fundamentalmente en las primeras dos décadas del siglo XX. Nacido en Nueva York, había emigrado a Europa a fines del Siglo XIX, retornó a su ciudad natal en 1911 como un reconocido bailarín del *Café de París* para enseñar los nuevos ritmos de moda a la sociedad norteamericana. A su regreso, bailó en las mansiones de la Señora Vanderbilt, de George Gould, ubicada en 5th Avenue, de la princesa Pignatelli d'Aragon y del príncipe Don Faustino. La tarea por la que era contratado por las prestigiosas familias establecidas en Nueva York parecía ser simple: daba lecciones privadas para tres o cuatro damas de sociedad que querían aprender los nuevos ritmos. Estos eran *el tango argentino*, el *dandy dance*, y el *Maurice Vals* cuya música llegaba desde la costa de Luxemburgo.

Aún cuando Maurice logró gran atención de la prensa norteamericana, los verdaderos consagrados en los bailes modernos, fue la pareja de Vernon e Irene Castle. Desde 1910, con el auge de las denominadas *danzas animales* (el *turkey trot*, el *Bunny Hug*, el *Chicken Scratch*, el *Grizzly Bear*, entre otros), e impulsados por Miss Elizabeth Marbury, se impusieron como la pareja que danzaba los ritmos modernos con decoro, sutileza y estilo. En 1914, los Castle poseían una de las academias de baile más importantes de Estados Unidos. Un edificio de siete pisos ubicado en 26 East 46th Street en Nueva York. En cada piso funcionaba un salón en donde se ejercitaban diferentes ritmos. Además, establecieron restaurantes y cafés de baile en las ciudades más importantes del país, y eran un modelo de publicidad: la empresa Victor los había contratado como artistas exclusivos de su firma. En los anuncios, Vernon decía que "la victrola es indispensable para nuestras lecciones y además la índole de la música que sus discos reproduce es tan notable que nuestros discípulos sienten tanto entusiasmo como nosotros mismos por esos admirables aparatos" ("Vernon Castle"). En esta compañía se grabaron los temas interpretados por la Orquesta de James Reese Europe que eran exclusivos para practicar el *método Castle* para el baile: "The Castles in Europe", "Castle walk", "Castle's lame duck", eran algunos de los títulos. Entre las piezas grabadas por la orquesta del talentoso músico negro, se encuentra el tango "El irresistible" de Lorenzo Logatti, grabado en 1913. Al año siguiente, se formó la Castle House Orchestra que grababa exclusivamente para los salones de baile de la pareja: tangos como "Argañarez", el *hezi-*

tation vals "Esmeralda" y otras músicas como "Enticement", "Bayo Baya", "Cem cá, mulata" y "Cecile" Por su parte, Irene Castle, gracias al éxito de sus performances, se volvió un ícono de la moda en los primeros años de la década de 1910, promocionando diferentes faldas, vestidos y corsés cómodos para bailar (Bogardus).

En 1912, *The Harvard Glee* de Estados Unidos, actuaba en el Concert Hall de la Academia de Música de Brooklyn, interpretando algunos tangos ("New York Has Its Moulin Rouge" 12). Ese mismo año se inauguraba uno de los espectáculos más prestigiosos de Nueva York que era comparado con los que se desarrollaban en el Moulin Rouge: *A Winsome Window*, un vaudeville en el que se interpretaban diferentes cuadros cómicos y bailables, donde resaltaban los tangos bailados por Maurice. En diciembre de ese año, *The Day Book of Chicago* comentaba el baile del tango en una reunión en el Hotel Blackstone, donde Stan Field, un rico millonario, preguntó "¿de qué se trataba ese maldito tango?" (Morgan 13). El organizador del baile le aseguró que durante semanas, las parejas habían practicado el baile, y las muchachas se sentirían mal si no les permitían bailarlo. Sin embargo, la escandalosa situación terminó con la prohibición del tango en aquella fiesta. Los diarios regionales se hicieron eco del evento, *The Tacoma Times* del 12 de diciembre de 1912 reseñaba la curiosa situación que se había dado, teniendo en cuenta que eran las hijas y esposas de quienes se oponían al tango, lo aprendieron en clases con profesor privado e insistían en bailarlo. Si la sociedad de Tacoma debía o no adoptar el tango era la "gran pregunta" de ese año.

Mientras en Buenos Aires, el cronista Goyo Cuello se entusiasmaba diciendo que "no sólo cereales y ganado en pie o congelado es lo que exporta nuestro país a Europa, también nos damos el lujo de exportar costumbres. El tango, baile orillero, ha tenido los honores de ponerse de moda en los salones Europeos", en los Estados Unidos reconocían que "el tango fue importado de Buenos Aires justo a tiempo para neutralizar la otra gran importación de Argentina de carne refrigerada que amenazaba con reducir el costo de la vida" ("El Tango" 85).

El año 1913 fue decisivo para la difusión del tango en el extranjero. El 16 enero de ese año, *Los Angeles Times* describía el último baile de las patrocinadoras, donde dos jóvenes encantadores al grito de *"comment se va"* procedieron a bailar el tango argentino. El mismo diario difundía la opinión de la esposa de Frank Harzell, estudiante del Ballet de Rusia, que explicaba cómo se bailaba definiéndolo como "un baile español que no tiene el menor indicio de vulgaridad". También comentaba el baile de la sociedad de Pasadena, California, donde se ejecutó el verdadero tango argentino. Parecía ser que en esta ciudad estaban más informados acerca de los modos y ventajas del ritmo. En primer lugar, se conocía que provenía de Buenos Aires, y en segundo lugar se lo consideraba un baile vivaz y con poses específicas que debían ser realizadas a paso rápido:

> "ninguna cámara es lo suficientemente rápida para mostrarlo". En esta ciudad quienes estaban haciendo las demostraciones eran la pareja Oscar y Suzette, que actuaban en el teatro Orpheum y decían ser los que llevaron esta danza a Norteamérica. A juzgar por las poses que se reproducían en el diario, poco tenían que ver con el tango argentino. Por otra parte, la explicación provista lo presentaba como una especie de vals, en primera pose; en la segunda, la bailarina era guiada en posición de reversa – de espaldas al hombre – y finalmente tomada del cuello y los brazos del acompañante, daba una serie de giros donde ambos "terminan exhaustos, ella se sienta sobre las rodillas del compañero y la danza termina con un salvaje y apasionado beso" ("Tangomania's Get the Whole Family" E8).

En marzo, se conocía la noticia de las limitaciones físicas que el tango imponía en la forma en que lo bailaban los profesionales. Ida Crispi, una bailarina inglesa exitosa en Estados Unidos, mientras bailaba el tango con su compañero Fred Farren, se cayó y rodó por el suelo quebrándose un brazo. No era el único accidente que se conoció durante esos años. La señora Conger, hija de un reputado militar y divorciada de uno de los magnates de Wall Street, había tenido un accidente "Mientras tangueaba con un grupo de amigos en un restaurante de Broadway se resbaló, cayó y se rompió la pierna. Cuando se recuperaba de la fractura en la pierna, la tuberculosis se desarrolló", por estas razones exigía a su ex marido una pensión alimentaria ya que su situación era insalvable. Como en los tangos clásicos argentinos donde las milonguitas caían víctimas de la tuberculosis, la señora había cumplido la profecía ("Tango, then Tuberculosis" 4).

El baile del tango no sólo producía daños físicos podía traer terribles consecuencias tomando en cuenta los sórdidos ambientes donde podía desarrollarse. Ese año se conoció el caso del asesinato de una profesora, Milldred Allison Rexroat, que desapareció acompañada de un posible representante, Mr. Spencer. Algunos días después, apareció muerta. El jefe de la policía descartaba el robo como móvil del crimen y se inclinaba por algún objetivo pasional. El asesino había actuado con saña, primero le había disparado y luego colocó el cuerpo herido sobre las vías del tren, el maquinista del interurbano que venía desde Chicago, no lo distinguió en la oscuridad y el tren la arrolló. La señorita Allison era bailarina de tango en el *Felicita Dancing Club* de la avenida Cottage Grove en esa ciudad. La dueña de la casa donde la profesora vivía declaró que el hombre había llamado por teléfono y arreglado un encuentro. Más tarde, volvió a llamar para decir que no la esperaran porque Milldred se iba de luna de miel al Este.

A pesar de estos contratiempos, el tango era ampliamente difundido, ejemplo de esto fue el baile para ayudar a la Asociación de Ciegos de la ciudad de Nueva York, organizado por la señora Winifred Holt en el Hotel Astoria, donde cuatro jóvenes oficiales de la armada mostraron ser "expertos en el tango argentino". Pocos meses después, la bailarina profesional, Evelyn Nesbit Thaw, llegaba desde Inglaterra y se presentaba en el *roof garden* del Madison Square Garden, cobrando un alto salario por una presentación que incluiría un "baile de doce minutos" en donde exhibiría su forma de bailar la danza porteña acompañada por el bailarín norteamericano Jack Clifford. *The New York Times* del 6 de marzo de 1913, se mostraba asombrado por los honorarios de la bailarina: cuatro mil dólares semanales.

Hacia agosto de 1913, se disparó la celebrada polémica acerca de la decencia del tango, tema que travesó París, Venecia, Londres y Nueva York. Los periódicos norteamericanos reseñaron la conmoción en el ambiente veraniego de Deauville. Uno de los más conocidos periódicos señalaba que los franceses acusaban a los norteamericanos de arruinar Deauville diciendo que: "eran los responsables del abandono de los códigos y del buen gusto", mientras que el caricaturista Sem atribuía el estilo de vida libertino a la moda del Tango ("Tango by Sem" 3). Se sabía que la locura del tango llevaba a las mujeres a realizar actos insolentes, como por ejemplo la duquesa de Q. que insistió a su profesor de baile para que le presentara a un joven que bailara hermosamente. Su deseo fue concedido: bailó con un joven italiano, con quien se escapó esa misma tarde. Como señaló el diario irónicamente, el curso de tango había perdido una de sus alumnas.

Ese año se llevó a cabo la famosa intervención de Jean Richepin en la Academia de las Letras. Según *The New York Times* el 9 septiembre de 1913, Richepin había sostenido que "Pindaro, Homero, Sócrates y Sófocles eran exponentes o practicantes del baile. La antigüedad del tango puede ser probada desde las figuras del Museo Británico y de las tumbas de Tebas". Consultado el encargado de Antigüedades Griegas y Romanas del Museo señaló que: "no hay nada en el Museo Británico, que yo sepa, para justificar tal reclamación, ningún cuadro, representación o registro (...) dos personas que bailan juntos – sobre todo muy juntos – no es típico de las danzas griegas antiguas". Para algunas interpretaciones, la versión de Richepin dudosamente podía ser cierta. Que el tango provenía del Pireo y de las danzas clásicas griegas era difícil de asociar pero, al menos, admitamos que el escritor creó una extraña y fantástica analogía. Otras interpretaciones difundidas en Estados Unidos hacían saber que el tango derivaba de un antiguo baile sudamericano denominado *Chica* que provenía de las poblaciones negras; otros sostenían que se originaba en Buenos Aires pero llegaba a Nueva York desde Brasil. También se conocía la versión de Charles D'Albert, autor de una denotada enciclopedia sobre el baile, donde sostenía que era una derivación de las danzas españolas. El tango había sido, en primer término, bailado en la isla de Cuba y en otros países latinoamericanos; y posteriormente llegó a París, a los barrios bohemios y finalmente, fue reconstruido de acuerdo a los códigos sociales de los ambientes políticamente correctos de la alta sociedad.

Enseñar a bailar el tango implicaba una interpretación de los diferentes estilos de baile a través de la historia como el reflejo o, tal vez, la representación de un sentimiento de época. Así es que abundaron las interpretaciones sobre el minueto, el vals o la *polka* refiriéndose a diferentes aspectos sociales que se expresaban a través de ellos. El punto crucial, en relación con el tango, era responder a la gran pregunta del momento: ¿qué aspecto de la sociedad contemporánea representaba? "¿A qué sentimiento de nuestro tiempo responde?". Algunos evitaban esta encrucijada sosteniendo que bailar se había extendido como actividad social y, dentro de esa expansión, el tango era sólo un ritmo más. Pero esto no terminaba de explicar su éxito entre las diferentes clases sociales de distintas partes del mundo occidental. Se argumentaba que se había puesto en boga debido a las complejas figuras que se ensayaban para bailarlo, de forma tal que cuanto más dificultoso era, más desafíos y excelencia implicaba. Sin embargo, estas visiones no daban respuesta al insistente interés por él. Años más tarde, *The Musical Quartely* seguía preguntando "por qué bailamos". En la primera posguerra, la respuesta se expresaba en la oscuridad del tiempo que vivían las sociedades. La interpretación negativa sostenía que aquellos ritmos foráneos, como el tango o el *maxixe,* se asociaban a los oscuros y decadentes tiempos vividos a finales de la década de 1910 ("Why We Dance").

Hacia finales de 1913, los diarios informaban que no sólo había impactado en la alta sociedad de Londres sino que también había cautivado a la capital alemana. El tango *enloqueció* a los concurrentes de bailes en Berlín: "todos, lo que es lo mismo que cualquiera, están tomando lecciones de tango" ("Tango Craze in Berlin" 3). La excentricidad de esta danza no sólo la llevaría a hacerse popular sino que se esperaba que fuera moda en los salones privados en el siguiente invierno.

En el caso de Berlín, algunas muchachas de la *high society* se ganaban la vida enseñando el tango. La demanda de profesores particulares fue en aumento y, para sorpresa de todos, las niñas de la alta sociedad que jamás habían tenido que trabajar aceptaron dar lecciones privadas a aquellos de su misma clase que desearan aprender a bailarlo. Estaba en duda si este baile tenía el estilo apropiado para las clases altas, sin embargo la esposa del presidente del Parlamento de Prusia, la condesa von Schwerin Lowitz, organizó en la residencia oficial un té de tango, acompañada por el mayor Langhorne, agregado militar de los Estados Unidos, tres jóvenes oficiales alemanes, su esposo el conde de Schwerin, el barón von Platen y un grupo de muchachas norteamericanas. Consultada acerca de la ausencia de participantes germanas, la condesa respondió que los oficiales alemanes sabían que las norteamericanas eran expertas en el tango, el *turkey trot* y el *one step.* Por su parte, el mayor Langhorne, explicó que los oficiales alemanes no tenían interés en bailar con sus connacionales sino con aquellas muchachas que tenían experiencia directa sobre el tango. Hasta ese entonces, en Berlín se intentaba imponer los *tango teas* en los bailables o confiterías, exitosos en Londres París y Nueva York. En octubre de 1913 los diarios notaban la *locura del tango* en esa ciudad, donde una de las grandes tiendas organizaba *tango teas* con clases que tenían un valor de $2.5 a $3.75 por lecciones de media hora de duración ("Berlin is Tango Mad" C2). Para ese momento, parecía ser que el

Kaiser se había entusiasmado con el baile, destacado en la prensa norteamericana como un cambio de sentido en las costumbres del viejo imperio que, a pesar de no estar acostumbrado a adoptar modas extranjeras, se había rendido a los encantos del tango: "todos los registros del pasado prometen ser arrasados por la danza argentina que todo lo conquista" ("Tango Captivates German Capital" C3). Con la cercanía de la Guerra, el Kaiser lo prohibiría. De hecho, se informaba que el *Luxemburgo Post* anunció que no aceptarían ninguna publicidad que se vinculara con el tango, de forma tal que los avisos para tomar lecciones, ventas de discos o espectáculos teatrales que lo incluyeran no serían mencionados. La razón por la cual el jefe de Estado alemán había cambiado de opinión no quedaba demasiado clara, hasta que se conoció que su hija, la princesa Cecilie, estaba tomando lecciones de tango. Su profesora era una norteamericana que dirigía una academia de danza en la capital del Imperio. A partir de allí, se prohibió el baile, se impidió incluirlo en las reuniones oficiales y se instruyó que todos los oficiales en uso del uniforme estaban impedidos de bailarlo. En medio de esta prohibición, la colonia norteamericana en Berlín se vio obligada a cambiar su programa en la fiesta de acción de gracias debido a que varios miembros del cuerpo diplomático se enteraron que se bailaría tango. La embajada norteamericana negoció incluir el ritmo, anunciando que se permitiría bailarlo en la última parte de la fiesta, cuando los invitados oficiales se hubieran retirado.

Las noticias llegadas desde Londres, hacían notar a los norteamericanos que, a pesar de la oposición de la reina de Inglaterra, el tango era éxito en los salones británicos, incluido el Albert Hall, donde un grupo de aristócratas lo bailaron. Se trataba de Lady Diana Manners y el Duque de Manchester entre otros. La Reina María se pronunció en contra de introducirlo en los bailes de salón, sentenciando que no se incluiría ni en los bailes del palacio de Buckingham, y tampoco en ninguna casa honorable de la realeza británica ("No Tango 'Ads' Received" C4). Estas declaraciones intentaban contrarrestar la expansión de la música. En febrero de 1914, se criticaban los signos de exageración "exótica" y "excentricidades en métodos y hábitos inyectados en la vida social de la metrópolis británica. El tango ya está tan muerto como la Reina Ana" ("The Night Clubs of London"). Pocos meses antes, en el London Opera House se había celebrado un "té de tango" al que fueron invitadas 1500 personas para celebrar la publicación el aniversario del

Evening News. Con la Primera Guerra, la reina cambió de opinión respecto del tango y finalmente lo aceptó. Lo había visto bailar en una recepción diplomática, junto a la Princesa Anastasia de Rusia, donde el bailarín Maurice lo había ejecutado de una forma divertida y encantadora.

En estos años se instaló la polémica acerca de lo adecuado de ensayar los pasos del tango. Varias cuestiones aparecían planteadas a través de las opiniones de la prensa: en primer lugar, era necesario que profesores de baile supieran enseñarlo; en segundo lugar, no se lo consideraba apto para el espacio público ni para todo público. En el ámbito semipúblico, en un baile privado, podía ser más llevadero que en los amplios salones bailables. El tango presuponía un encuentro entre personas conocidas o que, al menos, hubieran sido presentadas y fueran adecuadas al contexto social. Una preocupación clara, teniendo en cuenta su probable éxito, era que se volviese popular porque se suponía que no había garantías de controlar el contacto físico. En relación con esto último, aun entre personas del mismo rango social, la proximidad física debía ser evaluada. Quizá por esta razón, los manuales de baile en sociedad introdujeron un capítulo especial sobre el tango, o el tango argentino en particular.

La preocupación sobre qué era el tango, de dónde había llegado y cómo se debía bailar estuvo presente desde el inicio de la década. Un lector del *Times* de Londres decía, el 23 de mayo de 1913, que era un baile basado en un concepto definido: "a partir de la imagen de una repudiable chica, a la que el fandango ha modificado su vida. Cada gesto es ofensivo para la modestia, y cualquier inocencia corrompida puede ser representada". Sin embargo, en los Estados Unidos fueron más condescendientes con su origen, al menos en los primeros años desde su aparición no condenaron su significado.

La mirada desde un punto de vista ajeno, reconocía al tango como un elemento extraño que trasladado al contexto europeo podía generar un producto exagerado. Cuando el tango hacía furor en París, el 13 de marzo de 1913, el diario *Times* de Londres expresaba con cierto desagrado lo que sucedía ante sus ojos, sosteniendo que el intento de bailar aquella danza de negros era poco constructivo moral y socialmente. Este baile no pertenecía "a una escala social alta ni siquiera en la escala de virtud", más bien remitía a sectores sociales bajos con escasos valores morales expresados en el roce sinuoso de los cuerpos al bailar. Colocada en aquella geografía, la moda del tango exorcizaba su origen popular y modesto al ser adoptado por los sectores de la alta burguesía. El problema no residía sólo en su exagerada sensualidad, porque si lo bailaban los "otros" podía incluirse en las expresiones culturales de países lejanos. En la visión británica, el verdadero dilema se encontraba en que eran ingleses quienes deseaban bailar el tango, cuando "naturalmente" no estaban hechos para ejercitar esas danzas. Los cronistas observaban que los bailarines británicos carecían de ritmo y parecían hacer ejercicios en lugar de practicar el arte de bailar. Los bailarines virtuosos que hacían honor a la autenticidad británica no podían dar ese espectáculo grotesco.

De origen popular y prostibulario, era inaceptable para el tradicionalismo británico que imponía dejar atrás las modas, las imitaciones y las pretensiones vanguardistas. El tango era más lento e implicaba una proximidad física que generaba desconfianza. Acostumbrados a bailar el vals y la *polka*, los ejecutantes británicos no parecían llevarse bien con los nuevos pasos que remitían a los sectores bajos de una sociedad conocida pero diferente e inferior. Su práctica planteaba dos problemas: por un lado, su exagerada sensualidad, que remitía a sensaciones primitivas ("un ritmo de salvajes", refería el periódico), y por el otro, que fueran los ingleses quienes quisieran bailarlo.

Mientras que la tradición británica exigía su rechazo, en Francia se buscaba todo tipo de justificaciones para adoptar el tango. Esta polémica resonaba en la orilla norteamericana que miraba a Europa, a Londres y a París en particular, con la curiosidad de una nueva sociedad pero que, al propio tiempo, desafiaba los códigos del viejo mundo. Las resonancias se expresaban en la reproducción de noticias que mostraban a la alta sociedad europea fragmentada en dos: quienes aceptaban el tango y lo practicaban, y aquellos que se oponían de forma radical, escandalizados.

Las impresiones de rechazo no provenían exclusivamente de Londres. Fue muy difundida la historia del Conde de Abruzzi quien, en las playas de Venecia, junto a un grupo de amigos y un fonógrafo, organizaron un concurso de tangos del cual había resultado vencedor. Más tarde se conoció que los bailarines del concurso participaron en bata de baño, lo que produjo la instantánea condena moral. Algunos sectores de la alta sociedad italiana lo acusaron ante el Rey de corromper la moral a través de la introducción de esta danza. Meses después, la Iglesia Católica lo excomulgaba. Aún así, hacia finales del año 1913, el tango fue oficialmente aprobado por los tribunales de Venecia. En opinión del jefe del tribunal, las nuevas danzas como el tango o el *rag* podían suplantar perfectamente las viejas, y podían bailarse en los cafés o en los bailes privados. Lo que no estaba permitido era bailar el tango en los lugares donde hubiera venta de licores, sólo podía practicarse donde vendieran tés o cafés pero ninguna bebida alcohólica ("Tango Official Approved" II 5). En las playas norteamericanas, el tango se bailó en el verano de 1914, parecía haber sido muy exitoso sobre todo entre las clases proletarias, de hecho los periódicos hablaban de las "beach tango" e incluso había llegado a los "complejos" de Rhode Island donde era bailado por lo más destacado de la sociedad veraniega.

En los altos círculos sociales, el tango escandalizaba por ser una mezcla explosiva de consumo y placer, una práctica esgrimida como estrategia de distinción. El problema radicaba en la diferencia de sentido que le daban los que lo practicaban. Algunos sostenían que las clases bajas eventualmente lo corromperían, mientras que si se mantenía entre los círculos altos y aristocráticos podía mantener su estilo *high life*.[3] Como se señalaba, el tango era democrático pero esto no implicaba que estuviera a un alto nivel del arte en el mundo. Las clases populares habían conseguido el sufragio universal y ahora querían el tango universal ("Super Tango Tea" C4).

El imaginario sobre el tango, para los Estados Unidos, refería a ciertos estereotipos. Los comentarios de los diarios no sólo daban con el origen geográfico del ritmo sino que podía recrear algunas escenas que respondían a una forma precisa de entender a América del Sur. Según esta mirada, debía bailarse a la luz de la luna, con el piso cubierto de pétalos de rosas, con un suave perfume en el aire y con señales sentimentales para el público porque, como muchas de las danzas modernas, poseía un mensaje sentimental que anunciaba un romance.

Otras crónicas referían a sucesos más oscuros, como la nueva forma de robo asociada al tango. *The Washington Post* del 1 de noviembre de 1914, reseñaba que la policía de París había logrado identificar una banda de ladrones que aprovechaban la situación del baile del tango para hacerse de los efectos personales de sus

---

3. Notemos que el argumento no es que el tango corrompería a las clases bajas, sino que ellas degradarían al tango.

incautas víctimas. Las investigaciones policiales surgidas de una serie de denuncias sobre robos de collares de perlas y piedras preciosas, condujeron a una banda, cuyo único dato que se conocía era que bailaban muy bien el tango. Se trataba de una joven presentada como una princesa rusa pero que, en realidad, era una madama que dirigía una banda de ex mozos, bailarines y actores de circo. Todos simulaban ser millonarios argentinos que disfrutaban de la hospitalidad que les ofrecían los aristócratas parisinos. El modo de operar de los ladrones era bastante sencillo: mientras los novatos bailarines ponían su atención en los intrincados pasos del baile, su acompañante – un miembro de la banda – se ocupaba de apropiarse de los valores personales de su ingenua pareja. El diario comentaba con cierto humorismo: "tenemos el tango-danza, el color tango, el tango tea, el zapato de tango, las pantaletas de tango y ahora tenemos el ladrón tango". Los robos en los que el tango se veía vinculado no sólo aparecieron en París sino en los Estados Unidos, relatados como increíbles historias de aventuras: en el barrio de Bronx, por ejemplo, Joseph Stack, un joven de 18 años, fue llevado a prisión por robar cuatro mil dólares en joyas en Olldorff & Co. El joven era reconocido como un excelente bailarín de tangos. El éxito le generó la pretensión de mostrarse como un dandy e intentó que su compañera luciera como la acompañante perfecta a esa estirpe para lo cual robó la famosa casa de diamantes. En la fiesta del tango en la que participó, un hombre lo acusó de los robos frente a lo que cual, el ladrón Jack, devolvió lo sustraído. Posteriormente, se escapó de la cárcel y recorrió el país dando exhibiciones de baile. Hacia el final de su aventura, volvió a Nueva York, se alojó unos días en el Astoria y la policía puso fin a sus andanzas. Parecía evidente que el tango representaba una tentación en todo sentido: desde el punto de vista físico, desde el punto de vista moral y desde las características que debían desplegarse para lucir como un rey del baile.

El hecho de que algunos lo rechazaran y otros lo adoptaran traía varios problemas. En algunos estados el tango era considerado un baile prohibido, por lo tanto los profesores de danza se encontraban en una disyuntiva permanente: cómo ejercer su profesión y responder a la demanda de aprender el tango sin infringir la ley. En Cleveland, el tango fue llevado hasta la corte de justicia. Un profesor de danza, Asa Anderson, inició una presentación judicial contra el Inspector Myers representante del City Dance Hall. El juez interviniente, luego de hacer las comprobaciones pertinentes, decidió que el tango como lo enseñaba Anderson era perfectamente moral y podía ser bailado. Para llegar a esta conclusión, el profesor y su compañera lo bailaron frente al juez, quien concluyó que: "cada una de las cosas bellas puede ser vulgarizada. Pero porque algunos bailes sean vulgares no podríamos evitar todos los bailes" ("Tango Time" 9). No iba a ser la única vez que los profesionales dieran explicaciones frente a la justicia. Una profesora del Ebell Club evitó pagar el impuesto de los profesores de baile diciendo que como el tango no era considerado una danza, cuando enseñaba a bailarlo no estaba ejerciendo su profesión. El inspector McPhilips opinaba en el sentido contrario, sosteniendo que enseñarlo estaba dentro de las leyes estipuladas por la ciudad en donde cualquiera que instruyera clases de baile o dirigiera una academia estaba sujeto a un impuesto. La profesora fue puesta bajo arresto hasta que decidió pagarlo.

Las controversias se extendían a todo el país, por ejemplo en los teatros y confiterías de Chicago donde se ejecutaban tangos, cada movimiento de los bailarines eran vigilados por un "comité del tango" del Consejo Municipal. El mismo decidía "qué es tango, qué es inmoral y qué poses eran ordinarias". Desde 1913, esta ciudad fue las primeras en combatirlo, fundamentalmente porque se consideraba que los famosos tango tea escondían verdaderos cabarets que funcionaban en horarios diurnos. Así lo había sostenido el mayor Funckhauser de la policía de esa ciudad cuando presentó pruebas el consejo municipal que terminó sancionando una regulación para prohibir los bailables y entretenimientos en los restaurantes. En Filadelfia, la policía intervino cuando una joven nadadora, graduada en la Universidad de California, se presentó en traje de baño en la piscina y realizó una coreografía con pasos de tango. El teniente Mills, miembro de la policía regional, suspendió el acto luego de evaluar que era moralmente inapropiado ("Nymph shocks police censor" 12). En la Universidad de Vermont, por el voto del Consejo de Estudiantes, se prohibía bailarlo en las fiestas estudiantiles ("Yes, Mr Corey Dances Tango" I 1).

Las ciudades que adoptaban con confianza la nueva moda eran las que tenía un circuito de espectáculos más desarrollado como Nueva York y Los Ángeles. Por ejemplo, una nueva comedia musical llamada *The Widows' Tango* hacía las delicias de los espectadores en Broadway, el argumento era muy sencillo: se contaba la historia de tres viudas provenientes de Maryland que tenían su propio profesor llegado desde Chicago. Usaban pantaletas, sombreros y zapatos de tango, y las ligas de tango que permitían bailarlo con mayor libertad de movimiento, entre otras cosas. Mostraban tres formas diferentes de bailarlo: el estilo de Nueva York, el parisino y el de California. También *The Girl from Montmartre* se representaba en el Manhattan Lyceum que resultaba en un gran éxito de público ("Broadway Players Delight the Bowery" 13).

Las asociaciones de mujeres que generalmente ejercían el patronazgo de algunas entidades impulsaron el arribo del tango a la alta sociedad norteamericana. Así, por ejemplo, la *Women's Alliance Maternity Cottage* realizó un baile en la casa de una de las representantes, la señora Kendis, donde se tomó el té y se bailó el tango junto a un instructor entre las cuatro a las seis de la tarde. El éxito fue rotundo y decidieron realizar este evento una vez por semana con el objetivo de recaudar fondos para diversas instituciones ("Tea and Tango to Aid Charity" II 6). Como vemos, el tango podía ser tan llamativo que servía para diferentes propósitos o, en su defecto, cualquier excusa parecía buena como para poder practicarlo. Finalmente, las damas del patronato se justificaban diciendo que estaban imitando las costumbres británicas. Algunas señoras respetables de Los Ángeles, como lo señalaba *Los Angeles Times* el 26 de noviembre de 1913, se colocaron a la vanguardia de las nuevas costumbres fundando un club de tango. El vals había pasado al olvido y el nuevo club se reunía para aprender los intricados pasos de la novedad. El tango, reseñaba un diario, siempre será popular entre los miembros masculinos. Quienes integraban parte de este nuevo club no eran otras que las organizadoras de los bailes de caridad de la *Women's Alliance,* entre ellas la aristocrática señora Kendis ("Leaders of New Tango Club" II 1).

En la visión norteamericana, tanto como en la europea, el tango se asociaba con diferentes cuestiones: el consumo, el arte, las modas, el gusto, los crímenes, la vanguardia y el rechazo. A comienzos de la década de 1910, los diarios anunciaban todo tipo de novedades vinculadas al consumo del tango: los zapatos resultaban toda una revelación: algunos con taco bajo, otros con suela de goma antideslizante, otros con lengüeta ajustable, e incluso al estilo de zapatilla de baile español. En materia de peinados, el color tango se imponía en las cabezas de las jóvenes muchachas: se trataba de un tono rojo, azul cobalto, malva, verde nilo o naranja. La forma del peinado debía ser ondulado en el frente, tirado hacia un costado y sostenido por detrás de la cabeza con dos peinetas. También se usaban los pantalones de tango que iban desde la cintura y sujetaban finalmente con elástico alrededor de los tobillos; la ropa interior de tango, calzones y ligas de gasa y encaje, además del vestido de tango, hecho en tafetán negro, y las más polémicas faldas, ajustadas y más cortas, generalmente de raso.

Referentes de la moda y los nuevos consumos, las vidrieras, catálogos y las algunas exponentes de las nuevas tendencias no dejaban de imponer y clamar por la incorporación del nuevo estilo al mundo femenino.

Resistencia y transgresión

Como una proyección de las costumbres europeas, las noticias sobre el tango invadían los diarios de todo tipo. *The New York Times*, el *Washington Post* o el *Wall Street Journal* reproducían noticias y artículos que describían en detalle el impacto de la novedad en Europa.

La presencia del tango en los diferentes círculos sociales encendió una interesante polémica que involucró no sólo a algunos representantes de los sectores altos que habían probado los encantos del tango sino, también, a sectores más conservadores entre los que se destacaban los representantes de diferentes iglesias.

Las noticias que arribaban desde Europa, daban a conocer que el rey de Italia lo había prohibido apoyado por el rechazo enardecido de la iglesia católica. A fines del año 1913, el Papa lo condenaba, viendo en él la expresión de un "nuevo paganismo" y solicitó a los miembros del clero defender "la santidad de las costumbres cristianas contra las peligrosas amenazas y la inmoralidad de éste" ("Pope Denounces the 'New Paganism'" 4). Aún con esta condena, en Roma se continuaba bailando. Para algunos la prohibición no hacía más que darle publicidad, para otros era una forma de cuidar a los fieles cristianos. Sin embargo, en la prensa se conocía que varios pastores protestantes y rabinos judíos expresaban su apoyo a la decisión papal sobre la prohibición. Fue el caso, por ejemplo, del rabino Jacob Nieto de la Congregación Sherith Israel que lo había criticado, aún cuando creyera que "bailado por personas cultas es hermoso pero para los de baja condición es vulgar" ("Rabbi Praises

Tango" 7). El reverendo Eaton decía "es una locura, una forma de degeneración nerviosa. La gente parece haber abandonado el sentido común, el sentido de sí mismos y, en algunos casos, su moral". La confrontación sobre el tango y la iglesia católica llegó al punto en que dos miembros de una de las familias católicas más reconocidas pidieron audiencia con el Papa Pío X y ante él bailaron un tango.

> "- Esto es el tango? – preguntó.
> - Sí, su santidad.
> - Bueno, queridos hijos, dijo el Papa, no pueden encontrarlo encantador" ("Pope saw Tango, Rome Story Says" 4)

El Sumo Pontífice concluyó que declararlo un pecado era una crueldad, permitió que se bailara a condición de que se le cambiara el nombre. Un periodista del diario *The New York Times* analizaba la situación diciendo que un hombre viejo, que no estaba familiarizado con las modas del mundo, y al que los movimientos del tango le fueron exhibidos discretamente, seguramente concluiría que era tedioso y feo más que inmoral. Por tratarse del Papa la conclusión era correcta, no podía ser considerado un pecado, teniendo en cuenta que seguramente había visto una versión muy alejada del tango porteño.

En París se inició un movimiento contra este baile. El obispo de Verdum solicitó que se lo prohibiera porque lo consideraba profundamente peligroso e inmoral. El arzobispo de Lyons lo denominó "abominable", y otros insistieron en que se contemplara su prohibición entre los feligreses católicos ("Pastor Approves Ban on the Tango" 5).

En diciembre de 1913, el juez Frank H. Dunne intentaba prohibirlo en San Francisco. El cuestionamiento al baile se aplicaba en una doble dimensión: las figuras que correspondían a los pasos, y el tipo de faldas que las mujeres utilizaban para bailarlo, las que se suponían demasiado cortas y ajustadas. *The San Francisco Call and Post*, el 31 de diciembre de 1913, organizó una encuesta entre algunos jueces y autoridades que dejó en solitario al juez Dunne. Por ejemplo, el juez Morgan admitía que practicaba el tango y que no estaba en condiciones de juzgar si era una danza que podía ser malinterpretada. De todos modos, estaba convencido de lo saludable que era esta danza. Para el juez Thomas F. Graham bailar tango era bueno para los jóvenes, los de mediana edad y para los viejos. "He estado probando algunos pasos en mi casa, y me parece que es estimulante y saludable y que requiere semanas de práctica para llegar a dominarlo (...) No necesitamos una cruzada contra el tango".

El juez superior Franklin A. Griffin se manifestaba en contra de la restricción de cualquier libertad. En su opinión no era necesario prohibir ningún baile ni ningún estilo de falda. Cada mujer tenía la facultad de usar lo que creía mejor y "al mismo tiempo es eminentemente adecuado para cualquier par de ojos masculinos". Las opiniones recogidas por el periódico parecían favorecer el baile del tango, muy pocos se oponían e incluso lo consideraban agradable y saludable para compartir en sociedad. Algunos se manifestaban en contra de que los jueces emitieran opiniones al respecto, dado que consideraban que no se trataba de un problema jurídico sino de gustos y preferencias personales. El hecho de mezclar en un solo tema, el largo de las faldas y los modos de bailar, parecía un despropósito ya que se vislumbraba un intento de incidencia de la justicia sobre la vida privada de las personas.

Sin embargo, la polémica ya se había iniciado en buena parte de Europa y en Estados Unidos, en poco tiempo – con la proximidad de la guerra – el tema era de dimensión nacional.

Las voces que aullaban por la inmoralidad del tango hicieron que el *New York Times* realizara una encuesta para comprobar quienes estaban a favor y quienes en contra. Sin dudas, la pluralidad religiosa justificaba la tarea. De más de cincuenta consultados, dieciséis obispos de diferentes iglesias respondieron la pregunta acerca de la nueva danza, sólo dos estuvieron a favor, el resto se manifestó en contra aún cuando no tenían evidencias para sostener su opinión desfavorable. Al menos siete de los obispos se excusaron de opinar porque no había tenido oportunidad de ver en qué consistía la danza de moda. Otros se mostraron claramente a favor de la prohibición, como por ejemplo J.S. Lyons, moderador de la Iglesia Presbiteriana de Kentucky, que sostuvo que el tango mostraba su indecencia en las actitudes y los movimientos. El obispo presidente de la Iglesia Reformista Episcopal opinaba que debía prohibirse dado que significaba una de las peores cosas que llegaron a Norteamérica, según le habían descrito: "mucho de los pasos sólo se practican para hacer crecer en grado antinatural la naturaleza sexual de los bailarines". Para el obispo de la Iglesia de Corpus Christi en Texas era peligroso aún como expresión artística, dado que las personas comunes no podían hacer prevalecer el sentido artístico sobre las tendencias sensuales, dejando lugar a la expresión de sus "inflamantes pasiones". El obispo de la iglesia Metodista Episcopal en St Louis se expresaba en contra de todas las danzas modernas ya que eran ofensivas para el buen gusto. Finalmente, entre las muchas opiniones recabadas señalemos dos que pueden considerarse moderadas: la primera del obispo de San Joaquín en Fresno, quien decía que quizá el problema no eran tanto los pasos empleados para bailar como la intención de los bailarines. Por su lado, el obispo de la Iglesia Metodista Episcopal de Oklahoma lo consideraba una manía transitoria, una fase dentro de una época que estaba muriendo y otra que nacía. Por supuesto que era una danza grotesca, pero había que comprender su expresión como un paso que dejaría lugar a algo mejor.[4]

Las apreciaciones de los representantes eclesiásticos se contraponían con las opiniones de los miembros de la alta sociedad europea. La princesa Murat sostenía que el tango era un baile con el cual sentía reposo al practicarlo, el conde Andre de Fouquieres no lo desaprobaba, siempre y cuando se bailara con decencia y distinción y la duquesa de Rohan no lo veía indecente, podía ser bailado sin pudor como muchas otras danzas, pero no era el caso en los altos círculos sociales ("Pastor Approves Ban on the Tango" 5). El conocido conde de Fouquieres fue quien le enseñó los pasos del tango a la esposa de un magnate del acero en los Estados Unidos, el señor William Ellis Corey. En enero de 1913, el noble europeo – y eximio bailarín – aprovechó una velada a la que asistió en Nueva York para demostrar su talento en el baile, llevando como compañera a la esposa del empresario, Mabelle Corey ("Judicial O.K. on Tango" 14). La actuación de ambos fue sorprendente, recibiendo excelentes consideraciones de parte de la prensa. Sin embargo, a pesar de estas opiniones, la esposa de presidente Wilson evitó incluir el tango, el *turkey trot* y el *bunny bug* dentro de los ritmos que se bailaron en las fiestas de la Casa Blanca. Lo mismo hacía el presidente de Francia, Ms. Poincaré, que decidió no incluirlo en ninguna fiesta o baile diplomático.

Pocos días antes de publicar la encuesta de representantes eclesiásticos, *The New York Times* publicó, el 18 de enero de 1914,

---

4. Todos los testimonios corresponden al *The New York Times*, 1 de febrero de 1914.

una extensa nota acerca de los nuevos ritmos de moda. Allí daba una crónica de un bailable de Broadway, llamado Tango o reventar!, donde describía al bailarín como un hombre común, rechoncho y sudoroso que arrastraba a su compañera de baile por todo el salón. Ella se mostraba fascinada por la caminata de punta a punta, él en determinado momento quedaba parado en medio de la pista mientras inclinaba a su pareja con un movimiento hacia el suelo, se "endereza y lanza una mirada desafiante a los que observan como quien pretende decir: "¿pueden superar esto?". Había una distinción de estilo y clase: una cosa era el baile en los brazos y pies de un noble europeo o un sofisticado miembro de las clases acomodadas y otra, muy diferente, era un sudoroso hombre en un baile público.

La obsesión por el tango hacía que un periodista del *Washington Post* le preguntara a la esposa del escritor Arthur Conan Doyle, de visita en Nueva York, cuál era su opinión sobre este ritmo. La señora Doyle, consternada por el tema, declaró ser una mujer a la antigua, ama de casa y madre de familia, sosteniendo que no podía hablar acerca del tango ni del derecho al sufragio para las mujeres. El periodista la describía como una dama de maneras suaves y de opiniones francas, que obviamente guardaba las formas declarando que veía el mundo a través de los ojos de su esposo y sus dos niños pequeños: una verdadera señora de otros tiempos ("May Get Additional Hour to Dance Tango In New York" 9).

En la medida en que la industria musical se extendió y la música se podía disfrutar de diferentes formas y en distintos lugares, el tango impactaba en los diversos estratos sociales, aún cuando no lo hacía de la misma forma. En el caso de los sectores populares poco podía compararse con la cortesía británica, las clases cultas y las buenas formas, por ejemplo en el mes de Julio de 1914, unas doscientas trabajadoras de la Mississippi Pearl Button Company se negaban a trabajar mientras que los marineros en los barcos de vapor pasaban tango. Ellas preferían escuchar la música y bailar en lugar de realizar sus tareas. La empresa sostenía haber perdido 5.000 dólares por la displicencia con la que actuaban las empleadas ("Seeks to Enjoy Tango").

Antes de la Primera Guerra, un periódico del lejano estado de Oregón, se preguntaba si el tango podría sobrevivir a los golpes que la resistencia eclesiástica y tradicionalista le estaba dando. Para el reportero, más allá de toda polémica era indudable que la danza sudamericana representaba un serio peligro que marcaba la decadencia de la época, por esa razón la Iglesia y el Estado se manifestaban en su contra ("In the Place of Tango" 2).

Comparado con el auge de Europa, algunos comentaristas consideraban que los norteamericanos eran ignorantes acerca del real significado del tango y probablemente eran quienes peor lo bailaban. Pero esto no alcanzaba para frenar la manía por este ritmo. De hecho, se jactaban de que el organizador del *super tango té* en Londres, fuera Jack May, un norteamericano representante de las academias de Arthur Murray. Este evento consistió en una exhibición de las danzas modernas, una serie de bandas en vivo y un extenso desfile de modelos con las últimas creaciones parisinas. No era obligatorio bailar, con sólo pagar los sesenta centavos de la entrada se podía disfrutar de un té y unas tostadas mientras se observaba la fastuosa función. El cierre del espectáculo fue por demás original, una banda de músicos negros tocaron "God Save the King" ("Calls Dance Mania Psychic Epidemic" C8).

Esta hibridación de la presencia del tango fue tan extensa e inusual que en algún momento fue considerado una enfermedad dado que se pretendía ver en los pasos, los abrazos y el roce físico, la expresión de la decadencia física y mental. El titular de la cátedra de neurología en la Universidad de Columbia comentaba que muchos pacientes consultaban por un dolor en el empeine, luego de largos exámenes los médicos concluyeron que era culpa de una deformación generada por los nuevos pasos de baile como el tango, por eso se hablaba del "tango foot". También se decía que era una enfermedad diagnosticada por médicos alemanes, quienes sostenían que era muy común entre los bailarines. Se manifestaba como una especie de reumatismo en el pie, pero era producto de los movimientos antinaturales que los bailarines hacían con sus tobillos y empeines en las piruetas del tango. Desde 1913, se comentaba que el tango había cambiado el estilo de los zapatos. Los viejos zapatos con suela lisa no servían para bailar el nuevo ritmo, porque los movimientos bruscos que a veces se practicaban llevaban a que la gente cayera en alguna de las volteretas. En octubre de aquel año se promocionaba un nuevo tipo de zapato especial para bailar el tango: con una suela y un tacón de goma que impedía resbalarse. Para el caso de las mujeres, utilizaban un arco que se ajustaba al tobillo para no perder los zapatos en la acción del baile ("Diagnoses 'Tango Foot'" C2).

Impresionados por la cantidad de movimientos que ofrecía el tango fue inventado el "tangometro", un dispositivo que servía para medir la cantidad de metros que se realizaban en el baile. El instrumento se colocaba atado al tobillo de los bailarines. La Señora Mary Cutler de la ciudad de Vancouver se colocó un "tangometro" y lo utilizó mientras realizaba sus tareas de ama de casa. Este experimento arrojó datos interesantes: durante el mes de enero de 1914 ella recorrió 400 millas, lo que daba un promedio de 13 diarias. En un día muy ocupado recorrió 17 millas, y se estimaba que al final del año habría hecho 4.800 millas ("Woman Walks Thirteen Miles"). En seis años, suponía el periódico, podría haber dado la vuelta al mundo.

A toda vista es evidente el impacto que la manía del tango tuvo en las sociedades extranjeras. Para algunos era el vehículo de los cambios sociales, para otros la creación de nuevos objetos de consumo, en otros casos la ciencia no podía dejar de intervenir en esta moda, y finalmente algunos demonizaban su presencia prometiendo la vuelta de viejas desgracias. En la medida en que esta moda fuera contagiosa, socialmente hablando, podía verse en ella una epidemia social. Este tipo de casos, sostenían los expertos, habían existido en Aachen (1374) y en Estrasburgo (1518), la única distinción con los tiempos históricos era que en el pasado, la enfermedad de bailar hasta el agotamiento se vinculaba a cuestiones religiosas, el embrujamiento y la posesión física; en 1914 difícilmente se podía hablar en esos términos a pesar de los oposiciones religiosas ("Calls Dance Mania Psychic Epidemic" C8).

Incluso, hasta los economistas, lo criticaron: para Alfred D. Woodruff, gerente del *Bureau de Abastecimiento de comida de la Asociación para el mejoramiento de las condiciones de los pobres,* los tangos-tés y los partidos de bridge, muy comunes entre las mujeres de sectores medios y altos, no hacían otra cosa que mantener alto el costo de vida, por lo que recomendaban volcar la energía dispuesta en su tiempo libre a acciones domésticas que beneficiaran la vida familiar para abaratar los costos ("Blames Consumers for Cost of Living" 12).

En 1915, *Los Angeles Times* del 13 de abril, se hacía eco de la llegada del tango en los Estados Unidos diciendo que esta nueva danza provenía de América Latina pero había sido reconstruida en París para ser ejecutada en los círculos sociales altos y, posteriormente, había llegado a los sectores populares porque bailar era una práctica social generalizada para esos años.

El influjo que el tango ejercía en la opinión pública era impresionante. Mientras unos lo veían como una forma placentera de diversión y relación social, otros sólo podían sostener el efecto nocivo que estaba alcanzando. El tango en la sociedad norteamericana no parecía ser un producto de la "tentación al exotismo" sino más bien una permanente mirada y evaluación de lo que ocurría en Europa. Esto explica dos cuestiones principales: por un lado, el impacto de la moda por lo que los periódicos relevaban en detalle los sucesos, opiniones y características del ritmo bailable y su práctica. Por el otro, la posición norteamericana pareciera separarse de la visión europea, ya que los límites de lo permitido parecían correrse. Las reseñas de los diarios hicieron hincapié en la opinión de los sectores respetados de la sociedad europea, aunque valoraban de forma positiva a aquellos de posiciones más liberales en detrimento de la versión más conservadora acerca del baile. En un sentido amplio, el norteamericano reinventaba lo europeo.

En todo caso, el análisis de los diarios deja en claro que los norteamericanos no sólo copiaban a Europa sino que, además, pretendían superarla. Esto funcionaba como un doble mecanismo de legitimación: por un lado, en relación a sus orígenes (Europa, en particular Inglaterra y la ciudad de Londres) y a la vez se legitimaban como una nación pujante y nueva redoblando la apuesta sobre los usos y costumbres. Si los británicos rechazaban las costumbres foráneas, los norteamericanos intentarían integrarlas, pero primero deberían copiarlas. Esta adopción de las modas que se articulaba como una doble forma de acercamiento y diferenciación, al menos en el intento de adoptar un estilo, permitía también un doble vínculo: la imitación y múltiples estrategias de distinción. Si las vanguardistas damas de la nobleza británica lo hacían, entonces las señoras de la alta sociedad neoyorquina o de Los Ángeles las imitarían. En este sentido, las patrocinadoras de bailes – miembros de clubes y asociaciones de diversa índole – tuvieron un rol fundamental en la prueba, el ensayo y la práctica del tango.[5] En el afán de expandir sus

---

5. Para revisar el rol de las patrocinadoras y su participación en la esfera cultural norteamericana puede verse: Whitesitt, Linda. *The Role of Women Empresarios in American Concert Life, 1871-1933.*

tiempos de ocio y sus relaciones sociales, la organización de estos eventos – tangotes – con el objeto de recaudar fondos para diversas causas era una oportunidad propicia para probar lo que llegaba de afuera. Lo cual permitía mostrar que si en el viejo mundo lo hacían, también, los Estados Unidos podía hacerlo, además de mostrarse más permisivos y democráticos en relación con los puntos polémicos.[6] Para los norteamericanos, si en Inglaterra el tango era una locura, en París era directamente una obsesión y en Estados Unidos una mezcla de ambos.

Los consumos culturales, tanto como los materiales, fueron elementos fundamentales para marcar un estándar de vida urbana y la pertenencia a un sector determinado de la sociedad, en esta articulación se asentó el tango durante estos años. Para los sectores altos, el tango se practicaba en el ámbito privado, y en la medida en que accedió a los salones de baile, comenzó a ser cuestionado como improcedente o inmoral, allí era donde los guardianes de las buenas costumbres debían intervenir, como fue el caso del comité de policía en la ciudad de Chicago. Este baile, entre gente honrosa y de altos códigos de comportamiento era una forma de diversión practicada con gracia y estilo, pero vulgarizado podía ser usado para otros fines, simplemente se practicaba para lograr el encuentro físico próximo e indolente en un marco de simulación de un baile. De allí la búsqueda de la ley como mediadora y la intervención de la justicia respecto de si era o no un baile lícito. Nuevamente, en el caso de la profesora de danza que se negó a admitir que el tango era un baile de salón, la ley reaparecía: si lo era – como parecía, más allá de su nivel moral – entonces pagaría el impuesto correspondiente. No debía ser confundido con ejercicios físicos u otras prácticas, ya no podía ser disimulado.

Si el tango escondía segundas intenciones, y éstas se notaban en público, era una muestra de la irracionalidad de los bailarines; pero si se lo practica de forma decente podía ser representado en el espacio público sin temor. Desde un punto de vista más

---

6. En este sentido, el consumo cultural del tango en el marco de las reuniones de caridad hace referencia al análisis de Veblen cuando señala que "las amenidades sociales no tienen otro fin que mostrar que ella (la mujer de la casa) no se ocupa ni necesita ocuparse de nada que tenga utilidad sustancia", en Thorstein Veblen, *Consumo ostentoso* (Buenos Aires: Miluno), 106.

conservador, lo que se derivaba de esta cuestión es que esta danza acompañada por los cambios sociales de la época, implicaba no sólo un abandono físico (la despreocupación e indolencia de la que tanto se hablaba) sino también del lugar social que se ocupaba, por tal motivo las niñas de sociedad debían evitarlo ya que podía devaluar su propia condición social. Aquellas damas, lejos de posicionarse socialmente para valorizar su condición, terminaban decayendo hacia lo vulgar, una suerte de desclasamiento.

El tango parecía ser el culpable de casi todo lo que implicara transgresión: la pasión, la irracionalidad, la pérdida de la aureola social, los crímenes, los robos, la deformación física y el abandono de dios.

El abrazo del tango: lo erótico

En 1913, el periódico *The Washington Herald* del 9 de noviembre, definía al tango de una manera muy simple y precisa. Lejos de involucrarse en las acepciones que indagaban en un pasado griego y antiguo, o en definiciones latinas e hispanas que referían a mundos lejanos y difíciles de discernir, la palabra tango provenía de la palabra española "tangir" que significaba "tocar". La primera persona de este verbo, sostenía el periodista, era "tango, I touch", lo cual refería a la proximidad de los bailarines en el baile. En este sentido radicaba la clave para comprender su éxito: el tango permitía tocar, abrazar, llevar, reconocer el cuerpo del otro a través del tacto. Como hemos señalado, el supuesto que subyacía al abrazo del tango era el romance. El encuentro entre los dos bailarines implicaba una confesión romántica, un encuentro ardiente, un cortejo, una relación entre una dama reacia a la insinuación del hombre que iba al encuentro de un beso, que finalmente el bailarín echaría de menos. Ante tales presupuestos, el tango era descrito como una situación de deseo y tensión física. Las descripciones que ofrecía la prensa acerca de la gracia del tango argentino señalaban a la mujer realizando movimientos atrayentes y sinuosos que impactaban en el hombre quien, finalmente, la enlazaba por la cintura para comenzar la danza.

La lectura de los diarios norteamericanos asombra por la

cantidad de noticias que denotan la relación entre el tango, el enamoramiento de las mujeres y la estafa. Desde tímidas niñas de sociedad que terminaban entregando una parte de su fortuna a seductores bailarines, damas que se enamoraban perdidamente de profesores de baile o, sencillamente, encuentros entre diferentes personajes de la alta sociedad que caían cautivados por el tango. Estas historias ocurrían en una época de transformación en las costumbres y modales. Llegar tarde a las reuniones, no conocer a los anfitriones, la obsesión por los temas sexuales entre las mujeres de los sectores en ascenso, y los nuevos modos de bailar, donde la distancia corporal se reducía, eran algunas de las nuevas actitudes que emergían. Aquellas niñas de sociedad conocidas como *flappers* desconocían los códigos morales de sus padres: fumaban, bebían alcohol, utilizaban faldas más cortas con sus lánguidos vestidos, adoraban el *jazz*, las danzas inmodestas y los clubes (Zeitz 5). Estas características fueron ampliamente descriptas en las novelas del escritor mas exitoso de esos años: Scott Fitzgerald, y quizá fueron representados por algunas de las artistas más notables como Clara Bowl, Louise Brooks o la crítica Dorothy Parker.

¿Qué es lo que provocaba esta sincronización entre el tango y los corazones abatidos de los jóvenes en el inicio del siglo XX? Sin lugar a dudas, la clave para comprender estos enamoramientos enardecidos que afloraban al punto en que, con su consentimiento, las damitas de la *high society* dejaban su dinero en manos de estafadores, era el contacto físico que el tango proveía. En principio, era el abrazo y la cercanía de las cabezas y torsos; en una segunda etapa, el entrecruzamiento de las piernas potenciaba el roce físico inevitable que llevaría a manifestar ardientes pasiones. Hicieron su aparición los "abrazos sincopados" al ritmo del saxofón y el *jazz*, pero también se extendió la práctica de bailar pegados, cuerpo a cuerpo, *cheek to cheek*. El tango alentaba la pasión y encendía un circuito donde tanto los límites sociales como físicos se transgredían. Las damas de beneficencia lo comprendieron antes de la Primera Guerra Mundial cuando comenzaron a relevar historias de jóvenes muchachas que por la liviandad de sus costumbres, entraban en ambientes de bajos fondos, corrupción y explotación, inducidas por el goce de las sensaciones del siglo XX.

The New York Times advertía sobre los que llamaba "piratas del tango". ¿De qué se trataba esta nueva figura social? ¿Cómo identificarlos? Primero, había que ponerlos en el contexto. Se ne cesitaba dos personajes: el primero, una joven de familia rica que no tuviera nada que hacer con su vida; el segundo, un aventurero de confiterías. La nueva costumbre de *tango-té* le daba a ambos la posibilidad de cruzarse.

> "Se trata – señalaba un ex asistente de la Justicia distrital – de chicas de Nueva York, de excelente familia, con los bolsillos llenos de dinero, frecuentemente dueñas de su propio auto, a menudo de buena familia y bien educadas. (...) Su costumbre es salir de la casa a las diez de la mañana, presumiblemente para ir de compras. La hora del almuerzo es el gran momento de iniciación para la maldad. El almuerzo ha suplantado la cena para estas niñas, y hoy en día pueden elegir uno entre una docena de este tipo de restaurante que ofrecen tango".

Es allí donde el pirata de tango aparecía. Según las apreciaciones de Richard Barry era muy difícil que una jovencita conociera en estos lugares, y en esas horas, a un honesto joven de buena clase social como para casarse, ya que seguramente estarían trabajando (Barry SM 16). Sin embargo, en el afán por divertirse, las chicas disfrutaban de otras compañías, un tipo de hombres que en apariencia podían satisfacer todas las demandas. Estos presuntos caballeros lucían trajes a la moda, de primera calidad, y tenían un manejo del lenguaje que les permitía sostener una conversación interesante. Según un abogado, este tipo de hombres provenía de diferentes lugares, por lo general se trataba de jóvenes ignorantes y de origen social bajo, que habían adquirido buenos modales y el arte de una conversación inteligente; pero no faltaban casos excepcionales que derivaban de otras condiciones sociales: mencionaba a un ex jockey, un ex periodista e incluso hombres de buena educación académica y de familias honorables, como el hijo de un juez de la Corte Suprema de un lejano país, quienes habían adquirido este estilo de vida provechoso. El típico *pirata del tango* era un hombre joven, buen mozo, a la moda y buen bailarín. El rasgo más destacado de este arquetipo era que no gastaba un sólo dólar en una mujer, a menos que ella se lo hubiera prestado. Las muchachas de buena familia parecían tolerar que un hombre no pagara sus consumos, ya que ellas poseían el dinero de sus padres, y pagaban los almuerzos, los tragos, los autos e incluso los muebles que necesitaban estos señores. Desde hacía algunos años se conocía el caso de acompañantes masculinos para cualquier servicio por cinco dólares la hora más gastos.

La extraña fascinación que ejercía esta suerte de "mantenidos" no se explicaba solamente por la buena presencia o las ansias de diversión de las jóvenes aburridas, generalmente se los vinculaba al mundo de las drogas, y esto ensombrecía su presencia. Ellos eran quienes las iniciaban en la cocaína o la heroína: "en mi experiencia, todos los *piratas del tango* son víctimas de la cocaína en estado avanzado o de la heroína; y son expertos en describir las maravillosas sensaciones que devienen de aspirar cocaína", advertía un testigo. Luego de introducir a las jóvenes en la droga, el *pirata* sólo debía encontrar la forma en que ella, voluntariamente, le obsequiara con agrado su dinero.[7] La distinción central del *pirata del tango* respecto de otro tipo de rufianes, como la trata de blancas, era que no había una estrategia de seducción sexual para inducir a las mujeres a consumir drogas y trabajar para él. Este sujeto generalmente estaba casado o en pareja con alguien de su propia condición social, y sólo utilizaba su actitud displicente, encantadora y de conocedor del mundo con el objetivo de impactar en las incautas jovencitas que serían su soporte financiero. Incluso se decía que cuidaba de que no se convirtieran en adictas y no rompieran los vínculos con su familia, ya que desde el momento en que eso ocurriera sus posibilidades de financiarse a través de la muchacha, se terminaban.

En Nueva York había existido el resonante caso de la hija de una rica familia de apellido Kelly. El mismo fue destacado por la prensa nacional durante 1915. Se trataba de una rica heredera, Eugenia Kelly, que fue llevada a la corte por su familia bajo la acusación de "incorregible" debido a su mal comportamiento. En principio, la joven parecía haber sido engañada por un pirata del tango. Después de la presentación judicial, sus amigos de las diversiones tangueras la abandonaron al comprobar que el conflicto les generaría desventajas. A partir de la resonancia pública del caso, el comisionado de policía ordenó una investigación especial sobre los lugares donde se bailaba tango ("Miss Kelly Sorry, Returns to Mother" 8). Meses des-

---

7. En un sentido diferente, vinculando el mundo de las drogas entre las mujeres de clase media, la prostitución y la homosexualidad, aparece un interesante análisis en: Mara Keire, "Dope Fiends and Degenerates: The Gendering of Addiction in the Early Twentieth Century", *Journal of Social History* 31.4 (1998).

pués de esta primera acusación, la madre de Eugenia Kelly volvía a la corte para impedir que ésta se casara con Al Davis, un bailarín de tangos. La señora Kelly tomó la determinación al conocer que, a pesar de la desaprobación familiar, su hija había tenido varias citas clandestinas, e incluso se había fotografiado con el bailarín ("Miss Kelly Defiant; Mother Bides Time" 24). Sin embargo, la heredera no sólo eludió los consejos de su madre sino que finalmente contrajo matrimonio con el bailarín. Las primeras fotos de la nueva feliz pareja aparecían en todos los periódicos en enero de 1916. Eugenia Kelly había logrado, al alto costo de ser desheredada, lo que ninguna otra *flapper:* rebasó los límites de la autoridad de su madre realizando su voluntad y no la de su familia.

Mientras este caso tomaba resonancia en la prensa nacional, la compañera de baile de Al Davis cosechaba mejores éxitos. En 1916, se casaba con Ben Alí Haggin, poseedor de una fortuna estimada en diez millones de dólares. Luego del acuerdo de divorcio con su anterior esposa, Faith Robinson, el millonario tardó unos pocos meses en volver a casarse con esta bailarina que lo deslumbró en los escenarios de Broadway.

Un año después, la policía realizaba un censo de los *piratas del tango*, a partir del cual se identificaron a más de setenta hombres que realizaban este tipo de actividades en salones de bailes y confiterías. La investigación se había lanzado luego de que la policía descubriera el crimen de la señora Elsie Lee Hilar en el Hotel Martinica en Broadway. Al parecer se trataba de una millonaria, casada con un conocido comerciante, que asistía a los tangos tés, a escondidas de su esposo mientras éste trabajaba. La mujer concurrió al hotel para una de estas reuniones de tango y se encontró con un hombre conocido del ambiente. Posteriormente, la mucama descubrió a la señora Lee Hilar ahorcada, yacía desnuda en la cama y sus diamantes, valuados en 2500 dólares, habían desaparecido. La policía quería dar con el hombre que ella frecuentaba en los tango tés ya que era el principal sospechoso.

Los enamoramientos producidos por el tango fueron consignados por la prensa desde temprano. La rica heredera Caroline Kohl, por ejemplo, se comprometió con Ernest Evans, a quien conoció en Broadway donde él fue su maestro de tango. Evans provenía de Little Rock, Arkansas, con el objeto de realizar sus estudios universitarios. Al poco tiempo, los abandonó y comenzó a trabajar como profesor de tango en un local de *tango té*. Allí conoció a su prometida que asistía al salón para tomar lecciones. Pareciera ser que fue "amor a primera vista". Ambos se comprometieron en secreto y planeaban casarse en pocos meses pero sus familias objetaron la unión. En el caso de Evans su padre, un próspero comerciante de Arkansas, rechazaba el compromiso porque la novia provenía de una conocida familia vinculada al vaudeville y el mundo teatral. Lewis Kohl, padre de la novia, había sido el dueño de cuatro de los teatros más importantes de la ciudad de Chicago, y había legado a sus hijas una fortuna de un millón de dólares a cada una. Por su parte, la madre de la novia, rechazaba el compromiso por considerar que el modo en que Evans se ganaba la vida era informal y poco estable. Lamentablemente fueron obligados a devolverse los anillos y el compromiso quedó cancelado ("Romance of Tango Ends in a Frizzle" 9).

Las señoras de la Sociedad de Beneficencia se oponían al tango, no por la danza en sí sino por los oscuros propósitos de los abrazos. Un especialista decía que "el tango es una danza abierta con dificultad para ser aprendida y bailada sin contacto físico alguno, pero los jóvenes bailarines cambian el sentido e intentan sacar provecho del abrazo en el tango" ("Here is the 'Real'Tango" III 4). Frente a la representación de un goce grosero, vulgar e inferior, se recomendaba a los padres enseñarlo en sus casas para que sus hijas no fueran víctimas de los apretujones malintencionados en los bailes de sociedad, que disolvían la superioridad de clase en un uso vulgar de la danza. Algunos miembros de los exclusivos clubes sociales esgrimían argumentos para evitar la suspicacia puesta en los abrazos, como un hombre del White West End Club que veía en el tango una excesiva solemnidad: "los bailarines tienen la frente arrugada en un esfuerzo mental desacostumbrado por bailarlo". El argumento daba un giro importante: más que provocador, incitante, o inmoral, el tango debía ser rechazado por ser demasiado solemne, lo cual representaba de por sí una posición novedosa.

Hasta finales de la década de 1920, el tango seguía produciendo enamoramientos. Las historias de encuentros y desencuentros en los sentidos pasos bailables se reproducían por diversos medios. En 1924 fue muy comentada por los diarios la tormentosa relación entre el conde Ludwig Salm von Hoogstraeten que había capturado el corazón de Millicent Rogers, una rica heredera hija de un respetado coronel norteamericano, luego de bailar juntos su primer tango. A pesar de la negativa de los padres de la novia, que desaprobaban la unión porque el Conde era divorciado, la pareja contrajo matrimonio de manera apasionada, repentina y sin autorización familiar ("Tango Club Will Hold Dance" E8).[8] Las crónicas de la época parecen poner en evidencia que el abrazo pasional en el tango distaba mucho de lo que los manuales de danzas pretendieron enseñar hacia principio de siglo XX.

Desde 1913, la demanda de enseñanza del baile había aumentado. Los profesores no daban abasto con las solicitudes y urgencias de sus nuevos alumnos que, además, encarecían el servicio, por lo cual la inclusión del tango en los manuales de danza se hizo necesario y representó una solución más accesible, aunque menos exitosa. Las instrucciones escritas plantearon una estilización del ritmo y expresaron una función manifiesta: la correcta y adecuada práctica para ser bailada en sociedad, en lo posible ajustada a una ética de clase. Sin embargo, no lograban borrar la función latente que se presentaba en la práctica como una oportunidad de entrelazamiento de brazos y piernas. Una revisión de los manuales de baile, nos permite observar la recomendación de mantener un mínimo contacto físico entre los bailarines.[9] El hombre conservaba la distancia del vals hacia la mujer, no acercaba el cuerpo y con prolija discreción realizaban los pasos en donde las piernas se entrecruzaban. Los manuales con instrucciones para bailar fueron muy difundidos entre fines del Siglo XIX y comienzos del XX. Si bien, como en el vals, las parejas estaban unidas por las manos y el hombre tomaba a la mujer por la cintura para guiarla en el baile, la relación corporal se evidenciaba más próxima en el tango que en los otros estilos. Cuando se lo observaba bailado en vivo, parecía ser que cada pareja tomaba la decisión de las figuras y pasos que iba incorporando a lo largo del baile. El impacto que producían las diversas noticias dio la oportunidad de distinguir expresamente forma y función. La *educación para el baile* pareció una tarea que la burguesía asumió como reacción a las críticas hacia el tango a principios del siglo XX.

---

8. Millicent tuvo, finalmente, como esposo un gran conocedor del tango, excelente bailarín. Se trataba de Arturo Peralta Ramos, heredero de una rica familia terrateniente argentina.

9. Muy diferente a la representación que haría Rudolph Valentino en *Los cuatro jinetes el Apocalipsis*, donde bailaba mejilla a mejilla con su compañera y, en el vaivén de la danza, ella apoyaba su torso y piernas en un plano inclinado sobre el cuerpo de él.

Por un lado, se enfatizaba la inmoralidad que podía manifestar el baile ya que se producía el cambio de sentido que le daban, convirtiéndolo en una danza sinuosa que escondía segundas intenciones. La polémica sobre cómo bailar el tango implicó opiniones discordantes: unos planteaban que los abrazos estrechos eran de por sí indecentes, y otros sostenían que ninguna danza lo era excepto por quienes lo ejecutaban.

Los manuales acercaban una serie de técnicas a un público interesado en la práctica del baile que, probablemente, no tenía acceso a un profesor particular o a una academia. Por otra parte, la estilización de la danza tenía como meta adecuarla a un grupo social diferente del que le dio origen. El intento de adaptarlo a valores y formas de la alta burguesía europea lograba que se transformara en otra cosa de lo que originalmente era. El manual *Social Dancing of To-day*, de Troy Kinney y Margaret West analizaba los diferentes estilos de baile de salón entre los que se encontraban el tango argentino. Aquí se alertaba que había sido objeto de sospecha y fuertemente rechazado en los salones anglosajones. La pareja destacaba que los fantasmas esgrimidos acerca de su deshonestidad *habían desaparecido y* podía sostenerse que "el tango es – desde hace poco más de un año – una hermosa e irreprochable danza asumiendo, por supuesto, su *performance* en un espíritu limpio que usualmente se encuentra en la buena sociedad" (Kinney y West). Los autores señalaban dos elementos centrales: con la formalidad de las figuras se volvía una bella danza que contenía un *espíritu* limpio y puro, con valores de una sociedad buena.

El contenido pedagógico de los manuales parecía tener como objetivo central lavarle la cara al tango, disolviendo su origen y dotándolo de una pulcritud que no tuvo en su nacimiento. Las principales parejas de tango, exitosas en Estados Unidos, participaron en los diferentes libros incluyendo instrucciones para bailarlo y fotografías de los pasos a realizar. Fue el caso de Maurice que analizaba los nuevos ritmos impuestos en Estados Unidos (Maurice). Además de las clásicas figuras del baile, los pasos y el estilo, el autor introducía el tango en un contexto social. En primer lugar, lo reconocía como argentino, y en segundo lugar sostenía que, más allá de la tormenta de protestas generadas, era una de las más interesantes y agradables formas del bailar conocidas. En su introducción descartaba por injustos los juicios morales que lo denigraban, y afirmaba que el sentido inmoral o indecente de una danza surgía de los propios bailarines, más que del origen social del baile. La novedad que el tango planteaba era rotunda: las ocho figuras básicas podían ser combinadas de diferentes maneras: ocho parejas diferentes, con la misma música, podían realizar indefinidas combinaciones. ¿Qué otro estilo de baile podía lograr lo mismo? En el tango, las parejas podían crear el orden del desplazamiento, en el que el bailarín adquiría un rol fundamental: era el que ordenaba las figuras. Por esta razón era casi imposible que un hombre pudiera bailar el tango con "una mujer a quien no conociera, o que al menos no estuviera familiarizada con las figuras", pero si usualmente no formaban una pareja de baile, el hombre podía – al menos – ir anunciándole a la dama la figura que realizarían a continuación para preparar a su compañera y poder llevarlas a cabo con éxito.

Ese mismo año se conoció el manual escrito por J. S Hopkins, *The Tango and Other Up-to-Date Dances* y el libro *The Modern Dances* de Caroline Walter que exponían los principales conceptos de acuerdo con la opinión de otra pareja de famosos bailarines: Vernon Castle y su esposa, considerada una pareja inigualable en materia de tango, que eliminaron todas las contorsiones extrañas, la agitación de los brazos e introdujeron el poético paso Castle de un estilo cortés y artístico. Según la autora, el tango era lento, estático con un tempo de cuatro por cuatro. "La mayor parte de sus pasos son difíciles, tanto para ser descriptos como para ser llevados a cabo, pero a pesar de esto se ha vuelto excesivamente popular en los salones de baile". El libro distinguía entre el baile "un paso" que usualmente era bailado como tango, y el tango "verdadero", "el tango argentino"; que difería en muchas figuras y contenía otras precisiones y complicaciones (Walter). En su opinión, el tango fue en sus orígenes una degeneración del minueto del Siglo XVIII, influido por la música española. En los periódicos se incluían secciones para aprender a bailarlo, como por ejemplo en *The Mt. Sterling Advocate* donde Odgers Gurnee explicaba lo fácil que podía ser, si se entrenaba en estas lides. Lejos de ser difícil o intrincado, el tango tenía un paso básico y sobre él se diagramaban las otras figuras. El profesor reconocía que el verdadero tango argentino ya no se bailaba en los Estados Unidos porque no había espacio físico para realizar los pasos originales; que triunfaba en los salones norteamericanos era el Parísian Tango, que dependía enteramente del paso original, el corte (Gurnee). El aprendizaje también incluía las versiones que aportaban los diarios, por ejemplo *The Washington*

Herald, el 5 de julio de 1914, daba las indicaciones precisas para realizar un buen tango. "Cómo bailar el tango" podía obtenerse con un cupón más 35 céntimos, la guía venía ilustrada y con las diferentes posiciones, donde el famoso *corte* se denominaba *cortez*.

Las instrucciones eran métodos de aprendizaje de segunda instancia. La mejor manera de aprender era en la intimidad de la casa con un profesor. En algunos casos estos servicios tenían un alto precio, en comparación al costo de un manual. En Nueva York, un profesor especializado cobraba 20 dólares la lección. Estos valores no disuadían a las alumnas, lejos de comprar su propio manual se abarrotaban en la sala de espera del salón donde se enseñaba el novedoso ritmo. Más caras resultaban ser las clases, que en San Francisco, dictaban los famosos bailarines Maurice y Florence Walton, el valor ascendía entre 40 a 80 dólares la clase. Desde Nueva York, el cronista del diario *La Correspondencia de España* del 16 de enero de 1914, señalaba que "los maestros que enseñan a bailar el tango hacen fortuna" (...) en Nueva York no hay restaurant elegante que por la noche no se convierta en salón de baile. Toda la población es víctima de la manía del tango".

Algunos hombres vieron una excelente oportunidad para ganarse un buen dinero. Fue el caso de un ex entrenador de boxeo, Dick Wheeler, que se convirtió en uno de los bailarines mejor pagados del país, ganando el campeonato mundial de baile de tango junto a su compañera Gertrude Dolan, con quien realizó una extensa gira por Sud África, Inglaterra, Irlanda, Francia y Rusia entre otros países ("Foot Work as Boxer Convinced Him He Could Dance Now He's a Champion"). Resultaba curioso que el "baile" del boxeo sirviera para entrenar en las artes del tango. Para otros, como Gertrude Weldon, una viuda de 37 años, enseñar el tango representó un movimiento de liberación personal. Luego de perder a su esposo comenzó a tomar clases en la Castle House, el instituto de Vernon e Irene Castle. La novata bailarina se había trasladado desde Chicago a Nueva York para su formación. Pocos meses después, cuando su hijo debió entrar en la Universidad, se mudó a California, donde se desempeñó como profesora de tango en la Sociedad de Mujeres de Oakland y Berkeley. Su labor fue muy exitosa, lo que la convenció de probar nuevos rumbos. Su hijo, que usualmente era su pareja de baile, abandonó la universidad y juntos viajaron hacia Oriente para dar demostraciones de tango en nuevos escenarios ("Will Tango 'Go Round' World?").

Dos métodos para un mismo objetivo. El profesor particular, independientemente de sus antecedentes artísticos y, para aquellos que no podían gozar de las ventajas de un profesor en casa, los manuales de danza que, sin dudas, tuvieron un efecto preciso: la estandarización del tango, la precisión de las formas (en lo posible complejas) sobre el acto *subjetivo* de bailar. Esto hacía que pudiera ser bailado en todos los círculos sociales, en cualquier lugar de la "buena sociedad". A partir de este efecto, fue enseñado y aprendido cada vez más. A comienzos del siglo XX se trataba de una danza vanguardista, practicada en los principales círculos sociales de la alta burguesía europea. En pocos años se extendió a otros ambientes. Fue la gente distinguida la que promovió los *tangos teas* y los *clubes de práctica* del tango. Poco tiempo antes de la Primera Guerra, se había extendido y convertido en un baile que *debía ser enseñado*. La función pedagógica de estos libros llegaba a un público extenso y difuso en la práctica del baile.

A finales de la segunda década del siglo XX, era válido preguntarse dónde había quedado el contenido exótico del tango. Inglaterra reconoció el rasgo exótico debido a su proveniencia de ciudades remotas y originales como Buenos Aires bajo el impacto de la modernidad. Los modales rudos y el contacto físico plantearon el sentido extranjero y extraño para las formas sociales que se usaban en Europa, era un signo del sentido cultural cosmopolita, un atributo que marcaba la distinción social y la pertenencia de clase.

La vida cosmopolita y moderna expresaba el auge del exotismo en la música en tanto producción contemporánea. Para las interpretaciones académicas, estaba relacionado con "la adopción de términos foráneos por parte del artista" y dependía del creador. La atracción por los sonidos diferentes se ligaba a "la amplitud de la vida" y a la experiencia del compositor o los bailarines. El exotismo podía descubrirse en la música moderna y en menor medida en la música clásica y culta. Algunas culturas, como la hispana y las postcoloniales para el caso de Argentina, eran una verdadera referencia para el estudio de lo exótico. "En el caso de Argentina ligado a la cultura española tenía una vasta suma de material musical y bailable que todavía no había sido explorado. Originalmente españolas, las melodías han ido tomando una complejidad debido a la influencia de los interminables llanos del campo argentino sobre la mente de los músicos" (Parker). Este mensaje sonoro transportaba al oyente a escenarios extraños y nuevos, seductores y ocultos, que podían ser descubiertos a partir de la apreciación musical. Esto podía comprobarse en la danza, donde se ponía en juego el cuerpo. Para observar, lo mejor era una buena pareja de profesionales, pero si lo que se deseaba era practicar las danzas extranjeras, la cuestión introducía otras referencias como el buen gusto y otros límites.

Para Estados Unidos el tango no era un producto exótico que había que importar de su tierra de origen. El proceso era otro, sólo debían copiar a Europa. Los norteamericanos no veían a la Argentina, o a sus expresiones culturales, como bárbaras, atrasadas o extrañas. Los diarios daban a conocer a la cuna del tango como uno de los países más adelantados del continente: un territorio rico en productos primarios – aun cuando estuviera poco industrializado – y que en términos económicos proveía algunas ventajas comparativas respecto de Norte América, como lo señalaba un artículo del 9 de noviembre de 1910 en el *New York Times* ("Argentina Growing at a Rapid Pace" 2).[10] Durante estos años, se señaló la importancia cultural de la Argentina en el ámbito continental y se focalizó en la ciudad de Buenos Aires como una de las más bellas y mejor diseñadas de América: "no es meramente en la magnificencia de su arquitectura o en sus espaciosas avenidas y parques que la ciudad puede designarse como grande. Es el progreso fenomenal que puede ser visto en cada dimensión de la vida: desde el movimiento de su actividad comercial e industrial como en la esfera social y artística" ("Gen. Reyes Visits the 'Land of The Silver River'" SM7). El énfasis puesto en las atractivas características culturales, económicas y sociales pretendía alentar a mejorar las condiciones de intercambio de los Estados Unidos y generar bases más sólidas en la economía del sur. Se sabía que provenía de Buenos Aires, en la República Argentina, había llegado de los barcos y con la ayuda del fonógrafo. Como lo señalaba *The Day Book* del 13 de agosto de 1913, el tango había llegado de los transatlánticos, los trenes, de las plazas y se

---

10. En un artículo se destacaba que "lo que las naciones europeas piensan sobre las posibilidades de los negocios con Sud América puede medirse en el hecho de que Inglaterra e Italia tienen cuatro líneas regulares, cada país, de navegación de primera clase que van hacia América del Sur. Francia y Alemania, tres casa una, Austria y Holanda una"; c.f. Frederick J. West, "South America Rich in Resources", New York Times (9 enero 1910). También puede verse el artículo de Maurice Muhlman del 9 de enero de 1910.

había instalado en los teatros de variedades y en todas las grandes ciudades, de diversas formas.

Los escenarios para disfrutar del tango se habían multiplicado en las principales ciudades de los Estados Unidos: podía bailarse en las confiterías, en los salones de té, o en los bailes nocturnos que se organizaban para animar las noches. Las ciudades se habían ampliado y sus salones de diversión crecieron junto con ellas. Como señalaba Scott Fitzgerald, cuando hablaba de los cambios en Nueva York, la ciudad se había vuelto enorme, ostentosa, heterogénea y neurótica hasta el paroxismo, pero todo eso no garantizaba el placer: "la ciudad está abotagada, saturada, estupidizada por el pan y el circo" (*My Lost City: Personal Essays 1920-1940*). A mediados de la década, uno de los escritores que había sabido reflejar la belleza de Nueva York, se sentía anticuado frente a la locura general que se movía en la ciudad.

A finales de los años veinte, el consumo del tango no era una mera extravagancia cultural como lo parecía al inicio del siglo, en todo caso combinaba dos referencias claras: la imitación de las costumbres de viejos imperios, y el acercamiento de Estados Unidos a los demás países americanos, desde una posición central. Esta expansión de los consumos culturales foráneos fue posible a la par del desarrollo de una cadena de novedades tecnológicas que aceleraron el proceso de consumo y brindaron nuevas comodidades.

En definitiva, la difusión de la música a través de los discos y de las pequeñas orquestas sirvió para avivar la curiosidad sobre este novedoso ritmo. Lejos de las ansias de exotismo y muy cerca de la imitación europea, la difusión del disco y la música en vivo sirvieron para representar la música porteña en estos escenarios. A mediados de la década de 1910, diversos diarios publicitaban la venta de discos de tango editados por la Victor Company y Columbia Records. Los mismos eran incluidos en el catálogo que circulaba en los Estados Unidos, además de los que orientaban la venta al continente americano.

Varios dispositivos culturales se combinaron para expandir los consumos musicales: los circuitos sociales, la publicidad y los nuevos dispositivos sonoros. Esta combinación no sólo cambió la concepción del tiempo de ocio en las generaciones posteriores a la Primera Guerra, sino que amplió el repertorio de músicas y bailes de la época. La aparición del fonógrafo no sólo llevaba la diversión musical al interior del hogar, sino que producía un efecto contundente: nadie estaba obligado a tocar música o a cantar para entretener al círculo íntimo, por ende, los cuerpos se hallaban liberados para poder bailar.

III
Industria Cultural y Star System

"The function of the radio is to supply transitory entertainment, while the phonograph may be counted on to preserve indefinitely the musical or other selections that have an appeal through their entertaining qualities. I recall very well that when the phonograph first became popular it was feared it would do away with grand opera, and the motion picture was supposed to ring the knell of theater. But theses things have not happened."

"La función de la radio es ofrecer entretenimiento transitorio, mientras que el fonógrafo puede preservar indefinidamente las selecciones musicales o de otro tipo que tienen un atractivo a través de sus cualidades de entretenimiento. Recuerdo muy bien que cuando el primer fonógrafo se hizo popular se temía que acabaría con la gran ópera, y el cine se suponía que anunciaría el fin del teatro. Pero estas cosas no han sucedido".

Holwell Davis, 1925
Vice-president of the Victor Taking Machine Company ("Radio Fails to Displace Phonograph" 20)

La moda del tango que cautivó a Europa y Estados Unidos, difícilmente hubiera sido tan exitosa si no iba acompañada por la expansión de un nuevo producto técnico: el disco de pasta. La invención del fonógrafo y el gramófono a fines del siglo XIX cambió las percepciones del "escuchar música", ya no se trataba de estar presente mientras otros interpretaban un repertorio musical, y de leer música para poder ejecutarla en el tradicional piano. Los modernos soportes sonoros cambiaban el modo de disfrutar de la música, simplemente podía oírsela, sin necesidad de trasladarse a un teatro, ni siquiera requería de un capital cultural determinado. Esta invención se difundió a un paso raudo durante los primeros años del siglo XX y su producción se expandió a los más diversos países.

Desde nuestro punto de vista, la difusión del tango (y de otras nuevas formas de bailes) tuvo estrecha relación con el arribo de las nuevas tecnologías del entretenimiento tales como el gramófono y el fonógrafo. Surgidos de la invención de Tomás A. Edison y Emile Berliner, la comercialización de los nuevos reproductores de sonido tuvieron la utilidad de ampliar el universo de la música y acelerar el proceso de reproducción del mundo de las diversiones. Los primeros años fueron de experimentación sonora: los aparatos eran conocidos como "la máquina de dictar" ya que grababa palabras y luego las reproducía, fueron ideados como forma de conservación de memoria dentro de la *gran empresa*. Posteriormente, el disco (de Berliner) reemplazó al cilindro (la invención de Edison), y los aparatos adoptaron principalmente la función reproductora dejando de lado la grabadora ("The Phonograph as an Aid to Rapid Typesetting"). La publicidad sobre este aparato se difundió desde mediados de la década de 1880, se lo conocía como el "fotógrafo de discursos" haciendo una comparación con los procedimientos de fijación de imágenes ("Scientific Miscellany" 3). Los usos del fonógrafo parecían ilimitados: desde 1890 se conocían las grabaciones de óperas. Para sorpresa de los espectadores, una ópera grabada en Detroit era reproducida en Los Ángeles, aún con grandes dificultades en la calidad del sonido ("Opera by Phonograph" 12). Algunos viajeros lo utilizaban para grabar sus impresiones de viajes que posteriormente volcaban a libros o memorias; los soldados podían enviar a sus esposas cartas mediante grabaciones en fonógrafo, lo mismo se esperaba hacer en relación con aquellas personas que no podían leer ni escribir y, además, se lo incorporó en los hospitales para animar a los enfermos. En 1890 un funeral tuvo como centro a un fonógrafo. El reverendo Thomas Allen Horne grabó su propio sermón, donde repasaba las acciones de su vida y dejaba un mensaje de paz: éste se reprodujo con un fonógrafo en su velatorio. En algunas iglesias, a fines del siglo XIX, el fonógrafo comenzó a reemplazar el uso de órganos para musicalizar las ceremonias e incluso se llegó a sugerir que podían grabarse regularmente los discursos religiosos. También fue incorporado a las confiterías para amenizar las veladas con música y en las grandes tiendas como estrategias de ventas de diferentes productos ("Remarkable Funeral" 4).

Dentro de los usos experimentales sobresalió, en 1885, la

expedición de dos científicos al África con el propósito de grabar los lenguajes de los diferentes habitantes y sonidos de las especies. Los viajeros consideraban que el uso de un fonógrafo portátil permitiría registrar y aprender los diferentes idiomas locales (Prietz 263). Posteriormente, el Smithsonian Institute lo utilizó para preservar diferentes idiomas, como por ejemplo el experimento en el cual diversas tribus del país grabaron conversaciones que fueron transcriptas al inglés para conservar "los dialectos de aquellas razas casi desaparecidas". En Inglaterra se conocía el proyecto de varios antropólogos para hacer un museo de sonidos y voces. Mellville Bell estudiaba cómo el tono del lenguaje permitía reconocer a un extranjero, o a los acentos de las diferentes regiones. La utilización de la máquina permitiría mejorar la pronunciación para reproducir un idioma neutro y comprensible.[11] Años más tarde, Titta Ruffo, famoso cantante de ópera, señalaba haber aprendido a cantar mejor a partir de escucharse en el gramófono, "por este medio detectó fallos en su voz y pudo trabajar sobre ellos" ("Why the Tango is Taboo" 6). En 1898 se calculaba que el número de máquinas que funcionaban en Estados Unidos era alrededor de cuarenta y cinco mil, y se estimaba que se duplicaría en un año ("Done by the Phonograph" 6). En el inicio del siglo era una industria con grandes posibilidades, por ejemplo, en 1901 la compañía Nacional Gramophone Corporation declaró un capital en stock de 800,000 dólares y débitos por 150,000 ("Gramophone Corporation Report" 22).

Originalmente, los usos del fonógrafo remarcaban sus posibilidades en educación incorporándolo a la enseñanza como instrumento de aprendizaje. Las imágenes de un catálogo de Edison mostraban a un grupo de alumnos conectados por auriculares a un fonógrafo escuchando una lectura; o a niños grabando una declamación y la maestra calificándola; o empleándolo en el aprendizaje de las lenguas clásicas y en idiomas como el alemán, el francés o el español (Fabrizio 19-21).

A fines de siglo XIX se dieron a conocer diferentes historias que servían de ejemplo de la multiplicidad de funciones que podía llegar a cumplir: un organista ciego de apellido Bishop había encon-

---

11. En este sentido la obra *Pigmalión* de Bernard Shaw, en su versión cinematográfica reproduce el uso del fonógrafo para ser utilizado con fines de "limpiar" el lenguaje.

trado en el aparato una invaluable asistencia para la composición musical. También se usaba para asistir a las operadoras telefónicas: cuando una línea daba ocupada, la operadora pulsaba un botón del fonógrafo y se escuchaba una voz que comunicaba "corte y vuelva a llamar"; se lo utilizaba en los juicios en la Corte, grabando las sesiones y posteriormente transcribiéndolas; y por supuesto en publicidad. En algunas tiendas se colocaba un fonógrafo, se grababan diferentes auspicios y entre temas cantados se emitía los mensajes.[12]

Hacia la primera década del siglo, la expansión de los fonógrafos era impresionante. La Oficina de Comercio Exterior norteamericano solicitaba en sus anuncios que los productores de fonógrafos se pusieran en contacto con la Cámara de Comercio de diferentes ciudades europeas que estaban entusiasmadas en adquirir este tipo de máquinas para las oficinas de diversas empresas ("Foreign Trade Opportunities" 12). Los fonógrafos a moneda ya se habían probado y la nueva sensación de 1903 era una máquina de pasar películas que acompañaba el funcionamiento de un fonógrafo. El inventor, T.S. Solon, había dejado su trabajo en la legislatura de Wisconsin y comenzó a fabricar en Chicago el nuevo dispositivo, ganando en un año tres millones de dólares. Se trataba de "un cilindro dando vueltas que carga el rollo de película mientras el mecanismo de sonido, los cilindros de cera, automáticamente acompañan las escenas" ("See Plays by Machine" 1). En 1905, las publicidades de *Victor Talking Machine* y *Edison Phonographs* poblaban las páginas de los diarios. Los cilindros valían un dólar, mientras que los fonógrafos de Edison se vendían entre 10 a 50 dólares, y los de Víctor entre 15 a 100. Dos años después los clasificados de los diarios anunciaban el alquiler de aparatos, y la venta a crédito de como Brunswick.

Si bien, a fines del siglo XIX, la difusión de estos dispositivos se relacionaba a la reproducción de la voz y el mágico efecto de escuchar sin ver, a comienzos del siglo XX y, particularmente, con las grabaciones de Enrico Caruso se abrió un nuevo mundo comercial que permitía acercar a las familias no sólo las músicas ya conocidas sino también los nuevos y exóticos ritmos que se importaban desde diversos lugares. Como señala Pekka Gronow, las tres principales compañías de discos fueron muy activas en la expansión

---

12. Una suerte de anticipación de la radio.

de la industria hacia el sur de Estados Unidos: "para 1917, los discos eran hechos en prácticamente todos los países de América Latina (...) aunque las compañías europeas fueron más activas en Oriente" ("The Record Industry Comes to the Orient" 123).

El fonógrafo era básicamente entretenimiento en el ámbito familiar o privado, tal como lo enfatizaban las publicidades. Durante los primeros años coexistía junto al piano sin demasiada competencia, ya el piano era música para ser practicada y el fonógrafo implicaba una situación pasiva. Pero la comodidad del aparato desplazó al instrumento hacia fines de la década de 1910 (Laing).

Antes de terminar la primera década del siglo, estos dispositivos se hallaban en plena expansión y conquista de nuevos mercados. Desde 1906 en adelante, las publicidades de venta de gramófonos y fonógrafos hacían hincapié en los diferentes usos que tenían: generalmente se subrayaba la importancia de llevar la música al interior del hogar, la posibilidad de escuchar melodías conocidas y las novedades musicales. Además, se incorporaron los monólogos teatrales, religiosos y políticos como parte de las atracciones. La Victor Company y Columbia publicaron catálogos donde se exponían las últimas novedades musicales, y otros con los diversos modelos de aparatos. De hecho, la compañía Columbia editó, desde 1904, una revista especializada en difundir las novedades del catálogo de discos y modelos de gramófonos de la empresa, llamada *Columbia Records*.

En relación con las transformaciones de los aparatos de reproducción de sonido, estos pasaron de utilizar una manivela que incluyó, posteriormente, la ranura para monedas que permitían su instalación en lugares públicos como bares, clubes y confiterías hasta su electrificación en 1925. Desde 1900, la incorporación de la corneta externa evitaba la relación univoca con el uso de los auriculares, y posteriormente – 1909 – la caja de madera con un parlante incluido sirvió para agilizar la reproducción y el consumo de la música. Esta actualización se aplicó tanto a los fonógrafos de Edison, conocidas como *amberolas,* como a los gramófonos de Berlíner.

En estos primeros años, y dado el inicial auge de grabar voces y músicas, las empresas tenían un doble desafío económico: abaratar el precio de los instrumentos de reproducción y ampliar el mercado de grabaciones. En relación al primer punto, las principales compañías desarrollaron a lo largo de dos décadas una serie de novedades en el formato de los aparatos, el tipo de reproducción y la calidad del sonido que se expresó en un amplio catálogo de modelos y precios. Desarrollaron, además, la instalación de tiendas de ventas sumadas a la venta por correo. El sistema de pago en cuotas, para el primer caso, vino a resolver inicialmente la expansión de los aparatos. Algunas firmas francesas llegaron a ofrecer un fonógrafo gratis con 100 cilindros a un costo de 150 francos o hasta en 22 cuotas mensuales (Marty).

La competencia entre las principales empresas (Victor y Columbia) llegó a ser feroz. Ambas competían por imponer sus novedades en el mercado (cilindros vs. discos), conquistar nuevas plazas de ventas para sus productos (Asia vs. América Latina), imponer los modelos de aparatos más novedosos y difundir a los mejores artistas (Brook). En muchos casos llegaron a robarse adelantos técnicos o a artistas famosos. Este período de experimentación permitió que algunos artistas argentinos llegaran a Europa para grabar los primeros discos de música criolla y tango. Las grabaciones sirvieron, fundamentalmente, para difundir un género musical que era, en el caso del tango, producto de una cultura popular. De esta forma la reproducción sonora permitía que estos ritmos pervivieran y, también, produjeran algunos cambios y adaptaciones en las melodías originales orientándose a un amplio mercado.[13]

El sistema de difusión de los aparatos se apoyaba en una importante gama de estrategias de publicidad: catálogos, tarjetas, recordatorios y publicidades gráficas en diarios y revistas de interés general. Mientras que, las publicaciones específicas (referidas al mundo técnico o de la apreciación musical) servían de soporte para difundir información científica y utilitaria o de valor cultural. En este sentido, se destacaron *The Talking Machine Review, The*

---

13. Lawrence Levine se refiere al impacto de los nuevos medios de comunicación de principios de siglo XX como un efecto de *cross-fertilization*, señalando que hubo efectos que pueden considerarse negativos como la pérdida de originalidad, la corrupción de los estilos populares, el forzamiento de concretar una canción en el tiempo de duración de un disco, además del impacto demoledor que lo urbano y lo comercial tuvieron sobre la anterior producción de productos culturales populares. "Commercial recording deeply influenced black folk music but also remained dependent upon folk music as a source. The new urban forms that influenced the country were, after all, constructed out of country traditions in the first place and continued to be profoundly shaped by those traditions" (Levine, *Black Culture and Black Consciousness*).

Record Collector, The Gramophone o *Music Trade Review*, entre otras.

La novedad de escuchar sin ver implicaba una serie de disposiciones que no sólo expresaban la posibilidad de escuchar música, discursos y palabras sin la presencia de los actores o ejecutantes, sino que, además, planteaba una disponibilidad física de los oyentes inédita hasta el momento. No sólo se escuchaba a repetición, lo cual introdujo la idea de *versión*, sonoridad, pronunciación y plan sonoro que incluyó la idea de un repertorio interpretado de acuerdo a una calificación de alta o baja cultura.

El hecho de la independencia de la música respecto de los oyentes, de la soberanía de la elección musical, permitía la inclusión física del oyente en formas diferentes: simplemente escuchar, bailar y oficiar de seleccionador. En los primeros años del siglo XX, el fonógrafo de Edison ya era publicitado como uno de los mejores instrumentos de entretenimiento: "Los chicos quieren entretenimiento – lo necesitan. Si no lo consiguen en casa irá a otro lugar por él. El más fascinante entretenimiento es el que ofrece el escenario, que se puede disfrutar en casa: su casa necesita un Fonógrafo Edison", detallaba la propaganda. Música, baile, discursos, monólogos, y las voces más destacadas del mundo de la ópera y la canción popular eran traídas hacia el hogar a través de este nuevo instrumento.

A lo largo de los primeros veinte años de la expansión del fonógrafo se pasó de la experimentación aplicada al oyente a la naturalización del mismo. Este creó un nuevo hábito de escuchar: una disposición física para realizar una actividad conjuntamente con ser oyente. Fue utilizada con la intención de fomentar el arte a través de los cilindros y discos. Como lo señaló Mark Katz "el fonógrafo también ofreció a las familias pobres la posibilidad de oír música clásica" ("Making América More Musical through the Phonograph, 1900-1930 " 456). En Norteamérica, el aparato fue bienvenido entre aquellos que se denominaban *amantes de la buena música*, esto era clásica. No sólo permitió escuchar cualquier clase de música sino aquella que socialmente era ponderada como culta, pero además dio la posibilidad de elegir entre un vasto repertorio de temas: la industria del fonógrafo fue el resultado de la elección, las innovaciones técnicas, las disposiciones preexistentes "(...) en donde los mecanismos económicos y tradiciones musicales se combinaron con los dispositivos musicales y técnicos" (Maisonneuve 32).

En dos décadas, el fonógrafo llevó la música a diferentes lugares, poco a poco las grabaciones de escenas cómicas, discursos y declamaciones fueron desapareciendo y la música fue ampliando sus horizontes de ofertas. En los años veinte, estos dispositivos se utilizaban, incluso, para ambientar las tiendas de ventas: el repertorio pasó de música clásica a uno más heterogéneo y fluido. La música alcanzaba a un público inesperado gracias al disco, y posteriormente a la radio, algo incomparable con otras expresiones artísticas como la pintura o la literatura. La reproducción sonora se usaba para llamar la atención del consumidor: "en los primeros departamentos de venta representó una saludable democratización de la música y una nueva vía de diseminación e influencia" (Tyler).

El fonógrafo ejercía una especie de fascinación sobre los oyentes: entrar en el mundo de las voces, los sonidos, lo desconocido. Voces del más allá que llegaban para ocupar el lugar del ocio y el entretenimiento, a la vez que volvían activo ese espacio social. Una prueba de esa fascinación fue el paradójico caso de unos ladrones que ingresaron a una vivienda, cuando la familia dormía. Mientras robaban las joyas y bienes, decidieron encender el portentoso fonógrafo ubicado en el living, colocaron cilindros musicales y comenzaron a escucharlos. Quizá despreocupados o abstraídos por la música que sonaba aumentaron el sonido al punto en que una de las hijas del dueño de casa se dio cuenta que había intrusos, despertó a su padre que llamó a la policía, que puso fin al asalto y llevó a los ladrones a la cárcel ("Thieves Betrayed by a Phonograph" 7).

Producción y mercado

En los Estados Unidos, la cantidad de establecimientos que producían fonógrafos y gramófonos se expandió de una manera exponencial: en 1904 existían 14 empresas dedicadas a esta industria, entre 1909 a 1914 la cifra se mantuvo en dieciocho establecimientos. Con el fin de la Primera Guerra, en 1919, el número se había disparado a 166 fábricas, en 1921 eran 154 y en 1923 fueron 111, cifra que se mantuvo durante una década. La producción de aparatos y discos revela una industria pujante que comercializaba en el exterior del país una parte importante de su stock.

En 1896, un periódico estimaba que la cantidad de fonógrafos que existían en el país era algo más de 45 mil aparatos. En 1899, la cantidad producida en los Estados Unidos, llegó a los 150.000. En 1909, la cifra alcanzó los 345.000; en 1914, llegó a más del medio millón, y en 1919 subió hasta los 2.230.000 (Gronow, "The Growth of a Mass Medium").[14]

Tim Brooks en su estudio sobre la industria del fonógrafo en Estados Unidos, estimó que hacia 1900 las ventas de discos eran de casi 3 millones de copias. En 1914, la cantidad de discos producidos en Norteamérica era de 23.314.000 y el número de cilindros fabricados 3.907.000 unidades. En 1921 el volumen de discos se quintuplicó comparado con 1914, llegando a 103.500.000 de unidades.[15] Los cilindros fueron desplazados por los discos, eran menos de la mitad que en 1914, poco más de un millón setecientos mil. Dos años después, la producción de discos caía a 92.855.000 unidades, y los cilindros volvían a aumentar a más de cinco millones de piezas.

La caída en el volumen de producción de fonógrafos durante el período 1921 a 1923 se debe a una razón clara, la crisis producida en 1921 en los Estados Unidos implicó una retracción de la producción y consumo. La segunda cuestión que aparece destacada en el gráfico,[16] es que la cantidad de aparatos se estandarizó en poco más de un millón entre mediados de la década del veinte hacia el treinta. Esto se debe al impacto que la radiofonía tuvo en los Estados Unidos, en la medida en que se fundaron las grandes emisoras (conectadas, en algunos casos, a la industria discográfica) desplazaron, a través de la radiofonía comercial, el consumo de fonógrafos. La radio ofrecía diferentes utilidades: noticias, novelas y música, con una calidad de sonido sensiblemente mejor que muchos fonógrafos. La industria de fonógrafos intentó un primer salto a este escollo con la electrificación de las grabaciones y, consecuentemente, de los aparatos. Sin embargo, esto no impidió que la producción y venta de radios para el mercado interno avanzara sobre la antigua

---

14. Datos tomados de Pekka Gronow: confrontados con el Censo de Estados Unidos de 1930. US. Bureau of the Census. www.census.gov.

15. Si aplicáramos este crecimiento al volumen de las importaciones de discos en la Industria Argentina, la cantidad de discos en existencia en 1921 debería ser de más de 3 millones de unidades, contra los poco más de 810 mil que tenemos como estimación mínima.

16. Ver Gráfico Nro. 1.

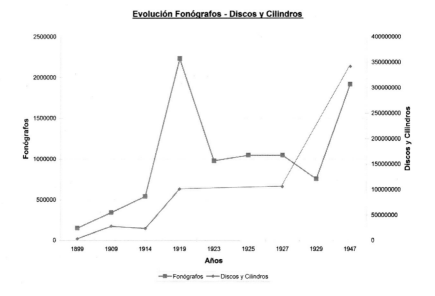

Gráfico Nro. 1:
Elaboración propia.
Fuente: *Censo de Población de los Estados Unidos.*
Manufacturas. 1899, 1910, 1920, 1930, 1947.

tecnología. El importante repunte del volumen de producción hacia 1939-1947 se debe a la incorporación masiva en la vida familiar de los combinados: aparatos que incorporaban el disco y la radio, con energía eléctrica, de manera conjunta.[17]

Como vemos en el Gráfico Nro. 1, el volumen de producción de discos y cilindros durante los primeros veinte años crece en más del 3.000%, mientras que entre 1927-1947 lo hace en poco más del

17. Desde mediados de la década del veinte se comenzaron a producir aparatos que introducían ambos mecanismos, lo cual representaba una mejora importante en la calidad de sonido de la reproducción de discos debido a que se utilizaba el mismo amplificador que el de la radio.

300% del volumen. Esto da una idea clara del impacto que tuvo la industria discográfica antes de la expansión de la radiofonía.

Si bien las cifras de producción son muy elocuentes respecto del *take-off* de esta industria no indican en forma directa la circulación de estas unidades dentro del país, dado que durante estos años una gran cantidad de estos aparatos y soportes sonoros se exportaban a los más diversos países (United States Department of Commerce). Desde 1914 hasta 1920 Estados Unidos exportó el 30% de la producción de fonógrafos y entre un 10 al 15% de la producción de discos y cilindros. Entre 1921 a 1925, a pesar de la crisis económica, mantuvo una proporción similar. Nuestra hipótesis es que una parte del stock de aparatos acumulados se lanzó al mercado de exportación, dado que se correspondían dos factores: el primero, la electrificación de las máquinas de reproducción y grabación del sonido y el segundo, la expansión de la radio.[18] En el caso de los discos, durante este período, la exportación se mantuvo en la misma proporción.

En Argentina, los aparatos de producción alemana fueron los primeros en imponerse en el mercado hasta 1913, de hecho representaban el 345% más de aparatos de los que venían desde Estados Unidos. Sólo a partir de la Primera Guerra, este último colocó de una forma determinante sus productos, ocupando entre el 45% a más de 60% de los fonógrafos importados. De todas formas, el número de aparatos importados por Argentina representaban entre 1922 a 1925, el 17% de la exportación norteamericana, y posteriormente – 1926 y 1930 – el 7% del volumen total de fonógrafos exportados por Estados Unidos.[19]

Algo similar ocurrió con los discos y cilindros. Entre 1899 a 1913, Alemania ingresaba al país 423.000 docenas de discos,[20] mientras que los Estados Unidos tenían un volumen importante pero un 25% menor al alemán. Estos datos nos permiten ver cuál

---

18. Así lo demuestran, por ejemplo, las publicidades de aparatos en Argentina, donde se muestran modelos anteriores a los que se estaban produciendo en Estados Unidos.

19. En Argentina los cilindros y discos eran más de 800 mil en 1908, y casi 2 millones 700 mil en 1913. En 1908 llegaron más de 15.000 gramófonos, en 1913, más de 56 mil.

20. Esto es 5.076.000 unidades.

era el avance de la industria discográfica y de aparatos de reproducción de sonido en los Estados Unidos y su expansión a nivel mundial (Gronow, "The Record Idustry Comes to the Orient"). El interés por la reproducción de música se había implantado a comienzos de siglo y continúo, a pesar de las crisis y de la guerra, a un ritmo estable durante los primeros treinta años del siglo XX. Como lo señalaba una publicidad de Columbia el fonógrafo llevaba "al interior de las casas todos los placeres de la música, la reproducción de actuaciones de bandas, orquestas, coros, tanto como voces e instrumentos solistas" (Laing). Sólo fue reemplazado por el auge de la radiofonía, aunque no afectó profundamente la producción de discos, aunque sí la de aparatos que debieron fabricarse como combinados: los dos dispositivos en un solo aparato.

Desde el inicio de la industria, las diversas empresas se aventuraron a la grabación de sonidos en diferentes países. Fue el caso de la casa Edison en Brasil de la mano de Fred Figner quien llevó los primeros fonógrafos a este país, y posteriormente introdujo las primeras prensas de discos grabados allí. Llevó a cabo la grabación de miles de discos y, en 1913, inauguró la primera industria de prensado que proveyó discos a toda Latinoamérica (Franceschi).

Durante la década de 1920, la radiofonía se incorporó a la industria del entretenimiento generando una expansión del mercado musical. Como lo hacía notar un informe de 1927 "la radio puede ser utilizada como un medio de publicidad indirecta de discos y puede vender combinados de radios y fonógrafos" (Beuick). Efectivamente, la radio era el único medio que podía publicitarse a sí misma: los oyentes podían experimentar la radio a la vez que eran seducidos por las publicidades de los modelos, formatos y empresas que producían estos aparatos. Si bien en los inicios de la expansión de la radio existió un fuerte temor a que desaparecieran las otras formas de entretenimiento: musical, teatro o cine; la radio integró todos estos elementos y aceleró la circulación de los productos musicales. En 1927, uno de cada tres hogares de Nueva York y una de cada cinco familias en los Estados Unidos, poseían un aparato de radio. En cinco años, las ventas de aparatos de radio habían pasado de 5 a 500 millones de dólares.[21]

La industria de la radio se integró a la reproducción de soni-

---

21. Los datos son hasta enero de 1926.

do potenciando la difusión de la música, la recreación y creación de ámbitos de entretenimiento. Este proceso de integración vertical le dio a la esfera del ocio y de las diversiones un nuevo ritmo, nuevos sonidos y nuevos bailes.

El caso de Victor Company

La *Victor Company* se formó hacia 1900, luego de que Eldridge Johnson comprara la *Berlíner Gramophone Company*. Este reorganizó la compañía en 1901 y la llamó *Victor Talking Machine Company*. La naciente empresa vendió durante su primer año 7570 fonógrafos iniciando así un proceso de adaptación y renovación que hicieron que sus aparatos fueran muy requeridos en el mercado local. En 1905 las ventas ascendieron a 65.591 unidades. Al año siguiente se introdujo el aparato con parlante interno aunque siguieron fabricando los de corneta externa. En 1908, a pesar del pánico económico que se había generado desde 1907 en la economía norteamericana, la compañía vendió 107.000 aparatos de reproducción de sonido, aun cuando en los años siguientes cayeron por debajo del 50%. Las ventas de la compañía crecieron a un ritmo impresionante: en 1901 el volumen de venta fue de tres millones de dólares, en 1903 se duplicó, en 1905 nuevamente, es decir que llegó a U$S 12.000.000, y en 1907 alcanzó más del doble, siendo el total de 27 millones de dólares. Durante el pánico de 1907 cayó el 25% pero en 1909 volvió a la cifra de 1907.

La producción de discos creció de una forma impresionante. En 1902 había superado las ventas del año anterior en un 560%. En 1906, la cifra creció en más de 2500% desde el inicio de la empresa y lo seguiría haciendo de manera regular hasta 1908, en que las ventas caerían un 32%. Posteriormente se recuperó y hacia 1910 volvió a crecer con respecto a los dos años anteriores. Durante la Gran Guerra, la venta de discos creció en más del 300% respecto de las cifras de 1910. En la entreguerras, hasta 1930, cayeron dos veces de manera importante: la primera hacia 1921, donde se notó un 31% menos respecto del año anterior y, posteriormente, en 1929 cuando se produjo el crack de Wall Street y la consecuente crisis económica. Entre 1929 a 1933 el volumen de ventas totales cayó el 89%.

A comienzos de siglo XX, como consecuencia del éxito inicial, Victor Company comenzó a expandir sus mercados a través de la grabación de diferentes ritmos que provenían de países lejanos y con grados variables de desarrollo industrial. Como se ha señalado, Asia y América Latina eran uno de los importantes mercados para la expansión de esta tecnología ya que significaban algo así como el 50% del comercio mundial (Lougheed).

En 1907, técnicos de la compañía viajaron a Buenos Aires para hacer las primeras pruebas de grabaciones – era el primer país de Sudamérica al que arribaban. De acuerdo con las memorias de Harry Sooy, técnico de grabación, en 1910 se realizó el segundo viaje hacia Argentina. La impresión que dejó Buenos Aires fue la de ser una ciudad moderna en todos los aspectos. Se realizaron 424 grabaciones y luego de cuatro meses regresaron a Estados Unidos. En noviembre de 1912 llevaron a cabo otra "expedición de grabación" (Sooy). Charles Althouse, uno de los integrantes del equipo, se estableció en la ciudad para dirigir la empresa *Pan American Recording Company*.

Si bien inicialmente los artistas argentinos grabaron para la casa Pathé en Francia, en la primera década del siglo XX comenzaron a hacerlo para diferentes firmas, entre ellas Victor y Columbia. Dado que en Buenos Aires no existían los elementos para procesar las grabaciones, simplemente se grababa en la ciudad y, posteriormente, los discos se prensaban en diferentes plazas: Londres, París, Estados Unidos.

En los estudios de grabación de la compañía Victor en Estados Unidos se grabaron en 1906 versiones de "El Choclo", "La Morocha" y "El Porteñito", todos de Ángel Villoldo. Ese mismo año, la Souza Band, grabó "El Afilador", "Recuerdos de la Pampa", "El negro" y "El Malevo" en los estudios de Filadelfia. También se registraron tomas de los siguiente temas: "Apolo" de Alfredo Bevilacqua; "Panchito Flor del Pago"; "Ché, sacame el molde", "Piantá piojito que viene el peine" y "Los inútiles", entre otros. Del análisis del catálogo de la Victor Company, surge que la compañía registró una serie de grabaciones cuyo número de matriz corresponde al año 1908, a cargo de la Orquesta del Teatro Apolo como por ejemplo: *Golpeá que te van a abrir*. En 1909 aparece un registro grabado en Nueva York por la Victor Orchestra de un tema de Ángel Villoldo,

"Bohemio". Este catálogo nos muestra que entre 1909 a 1910 la Victor Orchestra registró veintiún tangos en los estudios de Camden, Nueva Jersey.

En el viaje realizado a Buenos Aires, en 1910, la Banda del Pabellón de Rosas grabó nueve canciones, el 6to Regimiento de Infantería seis; la Estudiantina Centenario cinco, entre ellos "El Esquinazo", "El Entrerriano", "Hotel Victoria" y "El Otario". La denominada Orquesta de la Sociedad Orquestal dirigida por César Sesso[22] grabó 10 tangos entre ellos: "La Catrera" y "Chiflale que va a venir". También, Ángel Villoldo registró "Tango el pulguista". En la siguiente excursión en 1912 se grabaron cincuenta y tres piezas entre las que destacan las ejecutadas por la banda del Pabellón de Rosas y la Orquesta Típica de Genaro Espósito.

En 1912, el catálogo de Victor incluía una extensa serie de canciones impresas para la Argentina, tangos como "Aflojá un poco, che", "El entrerriano", "El porteñito", "La Morocha" figuraban entre otros. En el catálogo general los temas promocionados eran grabados por la Banda Pryor, la Banda Municipal de Barcelona, la Banda Naval de Estados Unidos, la Orquesta Bosc de París y la Orquesta Victor entre otras. En 1912 se incluía a la Orquesta Victor ejecutando tangos como: "Che que corte", "A mí la piolita", "Aflojá un peso, che"; "Qué hacés que no te casás", "El elegante" y "El mimoso, entre otros". En total podían contarse más de 50 piezas de tangos (esto es, tangos criollos y milongas), de las cuales varias grabaciones correspondían al año 1910, que se catalogaban de diferentes formas: en el general y en las páginas específicamente dedicadas al público argentino.

Entre 1913 y 1914 se grabaron 113 piezas de tangos y milongas en los diferentes estudios de la empresa: Buenos Aires, Camden y Nueva York. La orquesta Victor Military Band grababa el tema "Tango Medley no. 2" compuesto por Ángel Villoldo, o el "Maurice Tango" en obvia referencia al famoso bailarín que hacía las delicias del baile del tango adaptado a la sociedad norteamericana. El registro de matrices que se conserva de la Compañía Victor muestra que más de doscientos temas vinculados a este género se grabaron en

---

22. César Sesso había dirigido hacia 1898 la Banda Siamo Diversi de la Sociedad de Socorros Mutuos de Salto, Uruguay. Fue director de la Banda del Pabellón de Rosas.

sus estudios de Camden entre 1901 a 1927; y para el mismo período más de 120 temas se grabaron en Nueva York. Entre 1910 a 1915 la cantidad de registros del género tango grabados en Camden llegó a los cien, mientras que en Nueva York la mayor se grabó entre 1915 a 1918.

Como otras empresas discográficas de Estados Unidos, *Victor* incluía dentro de su catálogo algunos tangos grabados en sus estudios (entre 5-6). Por ejemplo, "El amanecer" de Roberto Firpo interpretado por la orquesta de la Victor Company o "El Argañarez" interpretado por la Castle House Orchestra. De acuerdo al catálogo discográfico de la empresa, entre 1901 a 1924, alrededor de 1580 canciones sobre más de 36.000 registros estaban orientadas para la venta al público argentino (*Encyclopedic Discography of Victor Recordings*).[23]

Si analizamos el catálogo de Victor Company vemos que de acuerdo al *marketing target*, la cantidad de grabaciones de discos y cilindros para América Latina, se ordenan de la siguiente manera:

Argentina	1.710 grabaciones
Colombia	245 grabaciones
México	1.122 grabaciones
Chile	78 grabaciones
Uruguay	197 grabaciones
Grabados en Idioma Español	3.321 grabaciones
En idioma Inglés	10.021 grabaciones

En relación con las ventas de aparatos reproductores de sonido, entre 1901 a 1905 las mismas crecieron un 750%, y en 1908 un 63% respecto de 1905. En 1917 la cantidad de aparatos vendidos por la

---

23. *Encyclopedic Discography of Victor Recordings*. www.victor.library.ucsb. edu. Descripción de la base de datos: "The Encyclopedic Discography of Victor Recordings (EDVR) is an index to master recordings (matrixes) and published discs made by the Victor Talking Machine Company beginning in 1900. The database is edited by a team of researchers based at the University of California, Santa Barbara Libraries. It includes master recordings made by Victor in the United States and Central and South America, releases derived from masters recorded in Europe by the Gramophone Company, and trial recordings of new artists and sessions from which no discs were issued".

firma creció 436% en relación a 1908. En 1920, las ventas caerían el 2% respecto a tres años atrás y continuarían cayendo hacia 1925 en un 53%. Recién en 1926 remontarían un 63% debido a la expansión del formato combinado que contenía fonógrafo y radio.

En la Argentina, en 1907, la casa de Enrique Lepage representaba a la *Victor*. En sus publicidades anunciaba la llegada de las últimas novedades de canciones y bandas criollas que "han sido expresamente enviados a la fábrica de gramófonos Victor. Es lo más perfecto como reproducción y calidad" ("Publicidad Casa Lepage"). En 1915, la casa Pratt y Cía. señalaba que "por cada vapor que llega de Nueva York recibimos nuevas mercaderías Victor. Debido al cierre de fábricas en Europa, las grandes usinas Victor trabajan día y noche" ("Publicidad Victor").

La compañía Victor fue una de las más poderosas al comienzo de la década del veinte. Si bien en 1917 tuvo algunos problemas judiciales por realizar acuerdos ilegales con más de siete mil distribuidores de discos, en 1914 (incluido un destacado juicio con la firma Macy and Co. que los había demandado por competencia desleal), la situación se distendió unos años después. Las empresas tenían un sistema en el que competían por tener a los mejores artistas, con un variado repertorio, su sistema de integración vertical permitía colocar los discos y los nuevos aparatos en mercados ávidos de consumo. En 1921 se daba a conocer en la prensa, el importante contrato que Enrico Caruso contrajo con Victor, quedando comprometido a grabar exclusivamente hasta 1935 ("Caruso Records Are Imperishable" 3). Mientras lograba los mejores acuerdos con los artistas se expandía hacia otras empresas, en 1922 pagó nueve millones de dólares para controlar el 50% de la Compañía Gramophone en Londres. Dos años más tarde, promovía una nueva invención: un proceso a través del cual podían grabarse todos los tonos de los instrumentos: "las notas más difíciles fueron grabadas con éxito: el tambor, el piano, el violín han sido capturadas". Sin embargo, indicaban que esta novedad no implicaba que los anteriores discos y aparatos resultaran obsoletos: "los nuevos discos pueden ser reproducidos en las máquinas usadas con excelentes resultados, y los viejos discos pueden ser reproducidos en las nuevas máquinas con enorme claridad y perfección de tono" ("Hear Master's Composition" A3). Los avances tecnológicos parecían no tener fin, sólo una nube hacía sombra en ese magnífico panorama: la radio. Para algunos, la radio iba a desplazar al fonógrafo. Sin embargo, el presidente de la Victor Company aclaraba que lejos de reemplazarlo era una nueva tecnología que complementaría el uso del disco ya que sus funciones eran diferentes. La radio era en sí misma un medio de entretenimiento, mientras que el disco servía para preservar indefinidamente la música, las voces, los sonidos más allá del momento presente. Sin embargo, la radio representaba la posibilidad del espectáculo en vivo, cosa que el fonógrafo no podía producir sino en todo caso imitar. Ese mismo año dos de los más talentosos cantantes del *Metropolitan Opera Company* habían debutado en vivo en la estación WEAF ("Famous Star Sings First Time By Radio to 6,000,000 People" 1). Se calculaba que seis millones de personas habían sido la audiencia radial de tal emisión. El programa se realizó bajo la dirección de Victor Company, porque ambos artistas estaban bajo contrato con la empresa. Estas implicaciones marcaban el modo en que se entrelazaban diferentes intereses: grabaciones, discos y radio, lo que constituía un circuito de reproducción artística. En agosto, los periódicos anunciaban que la empresa entraba en el negocio de la radio. El presidente, Eldridge Johnson, informaba acerca de los últimos desarrollos tecnológicos asegurando que en breve tiempo producirían una combinación de radios y victrolas. Para acelerar la venta al público, se esperaba realizar un acuerdo con la Western Electric Company para satisfacer la alta demanda de aparatos que había crecido enormemente gracias a los nuevos artefactos y a la demanda del exterior ("Victor Company Enters Radio Field" 25).

Con la electrificación de las grabaciones y la producción de los *combinados*, la compañía incrementó sus ganancias de una forma impresionante. En 1926, un grupo de banqueros de Nueva York, Speyer & Co. y J & W Seligman, tomaba el control de la compañía comprándola por un total de 40.250.000 millones de dólares. Esta medida significó, entre otras cosas, que Johnson se retirara del negocio, y que se intentaran nuevas políticas, entre ellas la incorporación al mercado radiofónico. Esto último resultó ser un éxito rotundo: en 1926 las ganancias netas fueron de 8 millones de dólares. Posteriormente, con el objetivo de renovar sus catálogos, la compañía ofrecía 40.000 dólares en tres premios para las mejores composiciones originales de *jazz* y música sinfónica. En 1928, la empresa, se expandía hacia el mundo de las películas, construyendo su primer edificio en Hollywood de unos 10.000 pies cuadrados que emplearía a 125 personas. La expansión del negocio parecía no tener fronteras, aun con el inicio de la Gran Depresión, como cuando el nuevo presidente señaló que la depresión era psicológica y una falsa impresión de la opinión pública, ya que Victor no sólo no sentía la recesión sino que, además, había contratado siete mil nuevos empleados. Sus expectativas eran ilimitadas: "los pesimistas volverán al trabajo y se darán cuenta que no hay nada malo en los negocios o en el país, la gente gastará más. Vamos a proceder sobre esta base hasta que la realidad nos demuestre que estamos equivocados" ("Depression Charged to Pessimism" 1). La meta de producción, a pesar de la crisis, era de nueve mil aparatos de radio diarios, y aun cuando las expectativas positivas no se cumplieron debido al impacto de la crisis, la firma continuó creando nuevos desarrollos en la industria de la reproducción sonora, como por ejemplo los discos de mayor duración, que fueron presentados con gran expectativa en el Savoy Plaza Hotel de Nueva York :"el nuevo disco permitía reproducir una sinfonía completa o un acto de vaudeville o un programa musical de al menos media hora". La primera grabación fue la *Quinta Sinfonía* de Beethoven, interpretada por la Orquesta de Filadelfia dirigida por Leopoldo Stokowski, junto a la Academia de Música de Filadelfia. El nuevo dispositivo causó sensación entre el público ya que una vez más, como señalaba *Los Angeles Times*, la marcha del progreso continuaba y parecía no tener fin ("Tango Gains Popularity" B16).

En marzo de 1929, Victor Company fue comprada por RCA y si bien parecía continuar en la misma línea consolidada en los últimos años, el impacto de la Crisis fue realmente importante a nivel de ventas. Si observamos las cifras entre 1926-1932, vemos que las ventas en 1926 se habían incrementado en casi en un 25% respecto del año anterior, es decir que el alejamiento de su creador no tuvo un impacto negativo en el mercado sino que por el contrario, la incorporación de las nuevas estrategias de venta y asociación con otras empresas de insumos, sirvió para mantener y hacer crecer el negocio (E. White).[24] Entre 1927 y 1928, el nivel se mantuvo en poco

---

24. Como señala Eugene White, "RCA's sales were growing by 50 percent each year. Its prospects, which looked excellent as the economy recovered, were reaffirmed by the release of the company's 1927 annual report in early March 1928. RCA stock was thus quite attractive, but not because it promised to pay high dividends like General Motors. The company had never paid a dividend, nor would it pay one for many years to come".

más de 37 millones de unidades por año. Estas cifras cambiaron dramáticamente en 1930, donde se redujeron a menos de la mitad, es decir 14 millones. En el año 1931, pasaron a venderse sólo 7 millones de unidades y en 1932, el peor año, cayeron a poco más de tres millones de discos anuales. Como vemos, a pesar del optimismo de 1930, el impacto de la crisis se sintió a nivel de producción y ventas, y tardaron al menos seis años en recuperarse y acercarse a los niveles de ventas del año 1927 (David Sarnoff).[25]

Viajeros rioplatenses

Cuando se releen las narrativas acerca de la exportación del tango hacia Europa se hace indispensable comprender el modelo de artistas-emprendedores que existía hacia principio de siglo. Los primeros en arribar a Europa, por lo general, habían pasado por el espectáculo circense y tenían una experiencia en recorrer trayectos poco conocidos y actuar en situaciones más precarias que el mundo del *star system*. Se trataba de un grupo de músicos, bailarines y artistas populares ávidos de aprovechar oportunidades, conseguir fama y fortuna. El desempeño profesional se ponía en juego bajo situaciones variadas: improvisación, monólogos, canto y baile eran algunas de las actividades que debían llevar a cabo en sus actuaciones. Si tomamos como referencia a Angel Villoldo y Alfredo Gobbi, ambos habían tenido experiencia en los circos populares de finales de siglo XIX y principios del XX, tanto en la reconocida compañía de los hermanos Podestá o en el Circo Rafetto.

Los primeros artistas del tango, como género popular, comprendieron rápidamente la importancia de plasmar su arte en las grabaciones de cilindros y discos, y aprovecharon todas las oportunidades para lograrlo, aún cuando el idioma les fuera adverso. Creemos que para estos artistas, el proceso tuvo dos formulaciones: la primera, grabar para poder importar hacia argentina; la segunda,

---

25. Datos extraídos de http://www.davidsarnoff.org/vtm-chapter8.html.

más riesgosa, probar suerte en la escena del espectáculo norteamericano.

Respecto del primer punto, sabemos por algunos catálogos que artistas como Alfredo Gobbi y su esposa, Flora, no sólo probaron suerte en París sino que se aventuraron hacia Estados Unidos donde grabaron varias piezas para los estudios Victor en Nueva York, y posteriormente para Columbia. Según los datos de ingresantes a Ellis Island, la familia Gobbi viajó junto a su hija de seis años, Orfelia, en varias oportunidades. La primera desde Francia, la segunda directamente desde Brasil; la tercera y cuarta vez, en 1909 y 1911 respectivamente, desde Francia.

Por su parte, los dos más importantes bailarines de tango argentino, que lucieron sus cortes en los principales salones de Buenos Aires, llegaron a Estados Unidos en los primeros años de la década de 1910. El primero fue José Benito Bianquet, en diciembre de 1912, desde Buenos Aires, acompañado por María Eloisa Gobbi, bailarina de veinte años de edad. Bianquet, más conocido como *el cachafaz* fue uno de los iniciadores del tango en los salones bailables de Europa. Junto a su pareja se presentaron como los auténticos bailarines de tango argentino en el Ziegfeld Follies en Nueva York ("Society and Entertainment").

El otro destacado bailarín fue Casimiro Aín, que viajó por primera vez en 1913, partiendo desde el Havre en *La Provence*, junto a Martina Aín y su hijo Ricardo, de seis años. Dos años más tarde, volvería a Nueva York partiendo desde el puerto de La Plata y, posteriormente, en 1926, desde Buenos Aires. En el caso de Aín viajó a París en 1911 y en 1913 se trasladó a Nueva York para probar suerte en los escenarios bailables locales. En el diario *New York Tribune* del 3 de diciembre de 1915 se anunciaba la presencia de Casimiro Ain, en un baile de carnaval organizado por el Lafayette Fund, donde el bailarín era presentado como un profesor argentino, inventor del tango, sin duda una de las grandes atracciones del evento.

En el mismo barco que Aín llegaron Eduardo Morelos, Vicente Loduca y Celestino Ferrer, tres importantes músicos que intentaron asentarse en la escena norteamericana aprovechando el impacto de la moda del tango. Los artistas tenían dos escenarios internacionales claros para mostrarse: Nueva York y París. En este caso, luego de su primera experiencia, Ferrer y Carlos Guerino Filipotto volverían en 1915 a Nueva York, en un segundo viaje intercalando una ciudad con la otra.

En agosto de 1920, en el *Martha Washington*, arribaron desde Buenos Aires Enrique Delfino, Osvaldo Fresedo y David Roccatagliata.[26] Los tres integraron la orquesta Victor y la orquesta Típica Select: Tito Delfino en violín y Alfred Lennartz en violonchelo para las grabaciones de tangos realizadas entre 1920 a 1924. Según el catálogo de Victor Company, Fresedo era integrante de la orquesta Típica Loduca, en las grabaciones realizadas en Buenos Aires en 1917. Estos músicos fueron contratados por la empresa para grabar cincuenta discos de tango con el verdadero estilo argentino.

Cuando algunos rememoraban su estancia en Estados Unidos, lo hacían con cierto escepticismo y desencanto, como sucedía con el autor de Milonguita y la Copa del Olvido, quien señalaba haber hecho todo lo posible para "llevar el verdadero tango a los grandes cabarets y salones de espectáculos pero no resultó (...) los directores me dijeron que era una música muy triste para ser impuesta en salones destinados a reír y a gozar de la vida" (Fuente 121). Parecía ser que la melancolía propia de aquellas composiciones no se llevaba bien con la idea de que bailar era simplemente una diversión, y el tango exitoso en Norteamérica era aquel que podía ser bailado.

Para Juan Carlos Cobián, que viajó en dos oportunidades, la experiencia tampoco resultó en fama y fortuna. La primera vez llegó en el *Pan American*, en 1923, declaró en migraciones que sus contactos en Estados Unidos estaban en Camden, Nueva Jersey, y contratado por la compañía Panamerican Recording Co donde permanecería un año.[27] La siguiente vez, fue catorce años más tarde, y su destino en Nueva York, era el Hotel Astoria. También en 1923, llegaba a California el actor Vicente Padula que intentaría probar suerte en Hollywood. Posteriormente, en 1934, viajaba nuevamente desde Francia para participar en varias películas de Gardel: *Melodías de Arrabal*, *Cuesta Abajo* y *El Tango en Broadway* donde dejaría una destacada actuación.

Dos años después, arribaba por primera vez a Nueva York,

---

26. Estos datos pueden corroborarse en los archivos de Ellis Island.

27. Como vemos, los datos de las planillas de pasajeros dan el dato preciso de su destino hacia los estudios de la Victor Company, en Camden. Formada en 1921, Pan American Recording Co. fue el nombre con que se conoció la subsidiaria de la Victor Co. en Sudamérica.

José Bohr, acompañado de su esposa Eva. En aquella oportunidad su contacto en Estados Unidos era M. Lasky de la Paramount. Al año siguiente, el 21 de diciembre, nuevamente arribaría en Nueva York contratado por la Victor Talking Machine Co y la empresa Argentina Ammusement Co, ubicada en West 33rd Street. El caso de José Bohr, autor del famoso *foxtrot* "Pero hay una melena", es interesante porque al conocer el circuito del Show Business norteamericano decidió quedarse y probar suerte como actor de cine, entre otras profesiones. Al día siguiente de su llegada por segunda vez a Nueva York, el diario *The New York Times* del 22 de diciembre de 1926 anuncia su presencia titulando: "Los gauchos llegan para una gira". El periódico mencionaba un grupo de doce gauchos que estarían de gira por el país. El hecho que llamaba la atención era la vestimenta utilizada:

> "camisas de seda blanca, bordeada de encaje, pantalones de seda blancos, chalecos de color rojo y negro, botas altas y espuelas de plata. También llevaban el pintoresco sombrero de ala ancha de las pampas. La mayoría de ellos portaban boleadoras de Argentina. Este instrumento es un lazo de tres metros de largo, en cada extremo se sujeta una bola de plomo que pesa una libra".

Como vemos, la intención del grupo era explotar la imagen que Valentino había establecido en el cine norteamericano. Unos pocos días después de su primera presentación, The New York Times seguía impactado por la manera de vestirse de los "gauchos" de José Bohr, y volvía a detallar el exótico atuendo: "Los hombres llevan espuelas, ponchos, mates y bombillas para beber el té, llamado mate, los bandoneones, y el baile del tango". El artista sostenía que su grupo era la primera organización musical de América del Sur en traer el tango a los Estados Unidos. Posteriormente, Bohr tuvo presentaciones en diferentes estados. En 1931, volvía a los Estados Unidos desde México, donde había fijado su lugar de residencia; y continuaría con sus viajes en los siguientes años hasta 1940, en general acompañado por su esposa. Quizá el caso de José Bohr fue especial, dado que el actor solicitó la residencia para poder permanecer trabajando y adquirió posteriormente la nacionalidad.

Para otros músicos la experiencia de viajar a Estados Unidos tuvo vaivenes. Para Francisco Canaro, Fresedo o Firpo, fue provechosa a nivel musical porque les permitió actualizarse en las nuevas composiciones que se representaban popularmente en la escena norteamericana. Así, por ejemplo, Firpo introdujo un set de música de *jazz* en su orquesta, del mismo modo que lo hicieron Canaro y Fresedo con diferentes resultados. En el caso de Canaro, su hermano Juan arribó a Nueva York en septiembre de 1926, en el Vandyk acompañado por una troupe compuesta por Casimiro Ain, Ernesto Bianchi, Maria Canaro (esposa de Juan), Rafael Canaro, Fioravanti Di Cicco (pianista), Luis Petrucceli, Octavio Scaglione y Cayetano Puglisi. Seis días más tarde, el 27 de septiembre, llegaba desde Francia, Francisco Canaro en el De Gresse, junto a su esposa Myrtha y Linda Telma (Ermelinda Spinelli), los que se alojarían en el Empire Theatre Building. Durante ese año, se presentó en el Club Mirador, en Broadway y la 51, junto al bailarín Maurice y su compañera Eleonora Ambrosio, aunque no tuvo mayor impacto en la prensa norteamericana ni en el público que tenían bastante definidos sus gustos acerca de lo que creían que era el tango.

Cuando, en 1928, *Caras y Caretas* consultaba a estos músicos respecto de si el tango sería desplazado por el *jazz*, las respuestas coincidían en negarse rotundamente, aunque en el caso de Canaro parecía querer olvidar que había incluido el *jazz* en sus representaciones y que para intentar fama en Nueva York aceptó disfrazarse de gaucho para ejecutar tangos, tanto como lo había hecho Fresedo.

En 1927, Augusto Berto llegó a Nueva York: en diciembre embarcado en el Gobernor Cobb, arribaba desde Cuba junto a otros músicos para presentarse en el Manhattan Opera House, también viajaban la compañía de Camila Quiroga junto a varios artistas de renombre en Argentina como Florindo Ferrario, José Olarra, entre otros.

Con el arribo de Carlos Gardel en 1933, en el Champlain, se aventurarían varios de sus amigos o colaboradores, como el caso de Alfredo Le Pera en abril de 1934, desde Francia y Enrique de Rosas, uno de los actores que lo acompañaron en *El tango en Broadway*, en diciembre de 1934. En su primer viaje, Gardel fue destacado entre los pasajeros que habían llegado al puerto. El cantante figuraba entre personalidades como el Baron Voruz de Vaux, Rene Das, o Misha Szur. En enero de 1935, Tito Lusiardo también se instalaría en Nueva York para participar de *Tango Bar* y *El día que me quieras*. El 12 de enero de 1935 arribaron en el Pan American, los músicos de Gardel: José María Aguilar, Guillermo Barbieri y Angel

Riverol, quienes se embarcaron desde Buenos Aires para hacer el viaje de la última gira del cantante.

El 27 de diciembre de 1937 Domingo Enrique Cadícamo conoció Nueva York, embarcado en el *Western World*, llegó a aquella ciudad, seguramente para encontrarse con su amigo Juan Carlos Cobián. Finalmente, otro de los que pueden identificarse en los archivos de migraciones es Carlos Pérez de la Riestra, Charlo, quien arribó en 1938 desde Brasil, a bordo del *Cottica*, hacia Nueva York; un año después volvería desde La Havana, Cuba, hacia Florida.

Los viajeros del tango no sólo se aventuraron hacia París, como fue el caso de Manuel Pizarro, Villoldo, Gardel, Castillo, entre muchos artistas y compositores, sino que probaron suerte en la otra orilla: la del Río Hudson o la del Océano Pacífico en California. Los artistas parecían descubrir en el tango múltiples posibilidades para desarrollar sus propias performances y carreras. El detalle de estos viajes nos muestra a algunos de los que constituyeron la Guardia Vieja probando suerte en los cabarets norteamericanos o grabando en la Compañía Victor o Columbia en Nueva York o Nueva Jersey. En los años veinte, un número nada despreciable de músicos llegaron a mostrar un tango que se montaba sobre la imagen de Valentino; y en la década del treinta, Gardel llevaría nuevos aires a la representación de la música porteña. Seguramente, ninguno de estos músicos, muchos de ellos sin estudios profesionales, podía imaginarse en sus orígenes que pasearían su música por diferentes continentes. Los inicios del siglo XX y el período de entreguerras produjeron esta posibilidad: el desarrollo de las industrias culturales permitieron una globalización de los ritmos, danzas y gustos musicales.

En la literatura sobre el tango en Argentina, generalmente se señala como principal impulsor del tango en Estados Unidos a Carlos Gardel, por el hecho de haber filmado y actuado en vivo en la radio en aquel país. Esta aseveración debe ser matizada, ya que desde muy temprano artistas de reconocimiento público en Argentina, fueron convocados y participaron de la escena multifacética del entretenimiento en Norteamérica. Fue el caso de Osvaldo Fresedo y sus actuaciones en las radios norteamericanas que fueron muy comentadas por la prensa, varios años antes de la llegada de Carlos Gardel.

Otros modos de difusión: cine y radio

Entre los dispositivos culturales de las primeras décadas del siglo XX, el cine representó una importante novedad que sustituyó, al menos por un tiempo, "mediante la automatización, a la mayoría de los actos en vivo" como por ejemplo el teatro. Las representaciones teatrales, a partir de esta incorporación, cayeron en sus proporciones, comparadas con las del inicio del siglo. Antes de la introducción de la sonoridad en el cine, los norteamericanos gastaban U$S 1,33 por habitante en el teatro "frente a 3,59 dólares en las películas, mientras que en 1938 las cifras fueron de 0,45 dólares frente a U$S 5,11" (Bakker). La expansión de la industria del cine, con la introducción del sonido, fue impresionante. La venta de entradas en los barrios de Nueva York se duplicó entre 1925 y 1928 y se triplicó entre 1925 y 1931. Las representaciones teatrales, conforme se expandía la industria cinematográfica, caían de 221 a 267 entre 1928 a 1929, y a 139 en la temporada 1931-1932. "Los precios de los musicales aumentaron rápidamente. En 1927, el precio medio de la mejor plaza fue de $ 6,23, al año siguiente subió a $ 7,39, en febrero de 1930 había aumentado a $ 8,33 (Moore).

A finales de los años veinte, las salas de cine y teatro en Estados Unidos ascendían a un total de 22.731, con una capacidad de 11.300.000 asientos. En el año de la crisis económica, se vendieron alrededor de ochenta millones de entradas de cine por semana, a un costo de veinte centavos la unidad.[28] De acuerdo al informe *Recent Social Trends in the US,* "la popularidad del cine continuó atrayendo grandes multitudes a pesar de la depresión financiera. Es, aparentemente, un lujo necesario" (US Government: Recent Social Trends in the US), que lentamente decaería durante el período. En 1931, la venta de entradas cayó un 12% con respecto a 1930, y en 1932 continuó bajando a 55 millones de boletos por semanas.

Debido a la enorme expansión que alcanzó la industria del cinematógrafo, el tango ingresó a través de dos vías: en primer lu-

---

28. Esto representó una tasa per capita siete veces mayor que la tasa al final del siglo; ver Thomas McCraw, *American Business 1920-2000* (Wheeling, Ill. : Harlan Davidson, 2000.).

gar, las películas de Rodolfo Valentino; en segundo lugar, a través de la difusión de algunas películas de cine argentino.

En el film *Los cuatro jinetes del Apocalipsis*, Rodolfo Valentino inmortalizó al baile argentino en el celuloide: vestido de gaucho improvisó un tango. El texto original que dio lugar a esta escena era la novela homónima de Vicente Blasco Ibáñez, publicada en 1916. El personaje central, Julio Desnoyers era un argentino amante del tango que retornaba a París, pocos meses antes de la Primera Guerra. La novela rememoraba el tango a través del reencuentro romántico entre los protagonistas. El éxito fue tan impresionante que los estudios Metro la llevó a la pantalla cinematográfica bajo la dirección de Rex Ingram, un destacado director de Hollywood. La película fue considerada un drama épico que "sostiene, en sus rasgos heroicos, un mensaje que es capaz de atraer multitudes, y dejarla sin aliento" ("Society" X7). En *Los cuatro jinetes del Apocalipsis*, Rodolfo Valentino representó a Julio y en aquel tango dejó plasmada una cierta manera de bailar, completamente extraña a cómo lo hacían en Buenos Aires. Esto no impidió que fuera conocido como un especialista en este baile, al que consideraba temperamental ya que demandaba cierto "abandono".

Este film se estrenó en agosto 1921, concitando gran atención de la prensa. Las críticas de espectáculo no repararon en el baile del actor sino más bien en el realismo de las escenas de guerra. En su número del 4 de septiembre de 1921, *The Washington Post* mencionó la importante movilización de tropas incluida en la película "para la colosal producción de la Metro, a cargo de Rex Ingram" (Valentino 4 de noviembre de 1926). El director explicaba que la razón por la cual la batalla del Marne fue tan vívida se debía a que utilizaron "hombres en servicio que de hecho participaron en ella". Su baile apenas fue mencionado por algunos diarios, como *The Chicago Tribune* del 12 de septiembre de 1921 que señaló "Rudolph Valentino danced the tango so heartbreakingly". Sin embargo, el baile sumó un valor a la obra debido a la destreza del actor para interpretarlo al estilo europeo.

La introducción del sonido, luego de muchos intentos de compatibilizarlo con la imagen, fue no sólo un impresionante adelanto tecnológico sino que amplificó el mundo del entretenimiento. La primera película sonora, *The Jazz Singer,* en 1927, incluía no sólo la palabra sino también la música como principal atracción. En 1928 se estrenó la película *El Gaucho* protagonizada por Douglas Fairbanks, donde el protagonista bailaba el tango junto a Lupe Vélez, repitiendo la indumentaria gauchesca. La película no tuvo la repercusión esperada por tratarse de cine mudo en un momento en el que el cine sonoro comenzaba a asombrar al público (Groppa). Algunos años más tarde, el tango se incorporaba a las películas musicales de Hollywood, como en la producción de la Paramount *Let's Go Native* con Janette MacDonald y Luis Arnold. El instructor de baile de la compañía cinematográfica, David Bennett, señalaba que el tango era "extremadamente intrincado y dificultoso", muy diferente del que se bailaba en los Estados Unidos. El genuino tango argentino era sólo para exhibiciones y – en opinión del profesional – las personas comunes no estaban preparadas para las piruetas y giros de esta danza. Las imágenes de la película mostraban a los protagonistas vestidos con el estereotipo tanguero: el varón con traje de gaucho y la mujer vestida de andaluza. El imperativo de llamar a los nativos, tal como lo planteaba el título, era coherente con lo que se pretendía mostrar: ritmos y parejas exóticas. Otras producciones cinematográficas incorporaba al tango en contextos más contemporáneos: como en el caso de *Baila, tonto, baila* protagonizada por Joan Crawford y Lester Vail. La primera actriz había realizado una exitosa escena de baile en *Our Flushing Brides* y la compañía Metro Goldwyn Mayer decidía incluirla en otro musical con "un original número de tango en la primera escena con una orquesta de cuerdas de Hawai como fondo musical de ensueño" (23 de noviembre de 1930). Ese mismo año se anunciaba un nuevo film de la Fox Pictures, *Los bailarines*, que consistía en un drama juvenil cuya historia principal se desarrollaba en la ciudad de Londres. Una de las destacadas escenas del film se desarrollaba en un club nocturno londinense donde la protagonista, Mae Clarke, bailaba un hermoso tango ("Notable Cast on the Stage Ditto Screen").

La danza se incluía en las más variadas tramas dramáticas o cómicas, los argumentos no referían a la sociedad argentina ni al conocimiento del país sino que, en medio del desarrollo de una comedia musical o de una tragedia, un tango podía ser bailado sin demasiada explicación ni consideración de coherencia lógica. En películas como, por ejemplo, *Los bailarines,* convivían con el tango las destrezas de aviación que realizaba el protagonista masculino Lois Moran. En 1933 se estrenó *Flying Down to* Río con la histórica pareja compuesta por Fred Astaire y Ginger Roger acompañados por Dolores del Río que realizaba como escena musical un baile de tango. El film presenta una suerte de multiculturalidad de las naciones latinoamericanas a través de los personajes: brasileros, argentinos, chilenos y norteamericanos. A la vez que fija ciertos prejuicios sociales acerca de la proveniencia de los latinos: son ellos los que forman parte de grupos mafiosos, o de manera opuesta representan una nueva forma de *buen salvaje*. En 1934, Dolores del Río vuelve al tango en *Wonder Bar*, representándolo como una danza violenta y de gauchos. En su libro *The Tango in the United States,* Groppa enumera las películas que tuvieron como eje a la Argentina e incluyeron el tango (o en su versión gauchesca) como parte de sus escenas. En ese recorrido, el autor enumera *Under the Pampas Moon* (1935), *Hi Gaucho* (1935), *Cisco Kid and the Lady* (1939), *Down Argentina Way* (1940), *Argentina Night* (1940), *They Met in Argentina* (1941), *Anchors Aweigh* (1945), *Gilda* (1945) entre varias que incluyen alguna versión del tango en sus escenas (Groppa).

Las películas musicales recuperaron fragmentos de la historia del baile en los Estados Unidos para representarlas en la pantalla grande. Así, por ejemplo, la pareja de Vernon e Irene Castle, que eran un mito de la historia del baile norteamericano, fueron representados por Ginger Rogers y Fred Astaire en la película *La historia de Vernon e Irene Castle*. John Martin recordaba la originalidad, sutileza y dulzura de los movimientos de Irene y Vernon al introducir el tango en Estados Unidos en el período de la preguerra.[29] La película parecía no hacer honor a la contribución que la antigua pareja hizo a la cultura del baile en aquel país, aun cuando los protagonistas fueran excelentes bailarines ("Cinema"). El film dejaba una opinión discordante: algunos, no toleraron que una pareja cinematográfica, acostumbrada a participar en comedias livianas, protagonizara una película de género biográfico y dramático; otros, le reconocían el mérito de haber modernizado los bailes que treinta años atrás los Castle hicieron famosos ("The Dance: Castle Style" X6).

En las salas cinematográficas, donde el público hispanoamericano era habitual, las películas argentinas se estrenaban mensualmente. Todas incorporaban al tango como expresión dentro del film. En el teatro Hispano o en el Latino, ambos de Nueva York,

---

29. Vernon e Irene Castle introdujeron toda una serie de nuevas danzas provenientes de la cultura negra, de clase baja y de otras culturas.

podían verse los principales films argentinos pertenecientes a diferentes empresas nacionales o extranjeras. A comienzo de la década de 1930, fue el caso de las películas de Carlos Gardel, realizadas en los estudios Paramount, luego se sumaron otras producciones. Los films realizados en Francia (en los estudios Paramount de Joinville) fueron conocidos por la sociedad norteamericana ya que tuvieron difusión a través de la prensa diaria; así por ejemplo, la película *Espérame* fue exhibida en Nueva York en 1933. Las actuaciones no fueron muy halagadas por los críticos, sin embargo los comentarios resaltaban los argumentos y tramas narrados ("Musical Romance in Spanish" 6). El aspecto que se destacaba, inevitablemente, era la excelente voz de Gardel y su estilo para interpretar los tangos.

Algunos estudios sobre la vida de Carlos Gardel mencionan que su estadía en Estados Unidos tuvo dos momentos: el primero, entre diciembre de 1933 y mayo de 1934, dedicado a su actuación en la radiofonía norteamericana; y el segundo, en el que se dedicó al cine, y grabó las piezas musicales de sus películas en la RCA Victor. Efectivamente, en diciembre de 1933, Gardel llegó a Nueva York con un contrato de la NBC (National Broadcasting Company) que finalizaría en mayo de 1934. Posteriormente, realizó un segundo viaje en el cual rodó una serie de películas, cuatro en total, en un acuerdo con la Paramount Pictures y su propia compañía cinematográfica Éxitos *Spanish Pictures*, financiada por la Western Electric. El circuito funcionó entre estas tres partes, la Paramount fue la distribuidora de las películas y cedió los estudios, mientras Gardel, junto a la Western Electric, se hicieron cargo de los demás gastos.[30] Las películas fueron: *Cuesta abajo, El Tango en Broadway, El día que me quieras y Tango Bar*. Las dos primeras tuvieron críticas cálidas en la prensa local, las siguientes obtuvieron mejores comentarios e incluso fueron reconocidas por la prensa nacional. En referencia al primero, el 5 de marzo de 1934 se emitió su actuación desde el Radio City donde cantó, y lo acompañaron sus guitarristas ubicados en los estudios de Radio Splendid en Buenos Aires. La transmisión fue en directo para los dos países. Este experimento de unir voz y música a través de las distancias mereció el comentario de la prensa neoyorquina ("New Step"). En relación al segundo momento, en

---

30. *The New York Times* reseñó el nombre de la compañía de Gardel como Éxitos Productions con estudios en Astoria.

agosto de 1934, luego de su primera película rodada en los estudios de Astoria, Gardel actuó en el Teatro Campoamor en Harlem para impulsar la difusión del film. Luego de unas semanas en París retornó a los Estados Unidos y volvió a actuar en la NBC con una mejor respuesta del público y la prensa. La Paramount decidió impulsar la figura de Gardel, incluyéndolo dentro de su película *Big Broadcast of 1935*, que consistía en una serie de escenas representadas por cantantes, músicos y actores que participaban de la programación de la emisora. En el inicio de la década de 1930, Carlos Gardel era un personaje conocido en el medio latino en Estados Unidos y su figura era impulsada para conquistar el mercado centroamericano. *The New York Times* del 26 de junio de 1935 sostenía que en sus últimos años, Gardel "había cargado su guitarra a todas partes del mundo, haciendo famoso al tango argentino". La figura del cantante comenzó a tener una proyección mayor dentro del mundo del espectáculo norte y centroamericano con la difusión de sus películas. Las dos últimas tuvieron una muy buena recepción en el público hispano debido a que se mejoró la estructura argumental y se notó una mejor actuación de Gardel, algo muy elogiado por la crítica.

Durante este período, se conocieron otras producciones cinematográficas que provenían desde Argentina. Las películas se proyectaban en cines como el teatro Campoamor, donde en 1935 se estrenó *El Baile:* una crónica sobre una noche de diversión superficial, con un trasfondo de amoríos y una inevitable tragedia. Actuaban las jóvenes Ledesma y Vigrioli, algunos comediantes, "una banda de *jazz* y una orquesta, asistido por un cantante que recuerda a Carlos Gardel" ("An Argentine Importation" 10). Otras de las películas argentinas llegadas a los cines norteamericanos fueron *Qué tiempos aquellos*, con la presencia de Florencio Parravicini, Irma Córdoba y Mecha Ortiz, que recibió una crítica negativa; *Ayúdame a vivir*, estrenada en 1938, con Libertad Lamarque; *Castillos en el aire*, una coproducción con México que incluía algunos tangos; *El último encuentro*, con Floren del Bene, Amanda Ledesma y Marcos Caplan; *La vida es un tango*, estrenada en 1939, con Hugo del Carril, Sabina Olmos, Florencio Parraviccini y Tito Luciardo; *Puerta cerrada*, con la presencia de Libertad Lamarque y dirigida por Luis Saslavsky. Estas últimas con muy buena crítica de la prensa, entre muchas otras producciones pertenecientes a Lumiton y Argentina Sono Films.

Así como se incorporaba al cine, en la década de 1930, el

tango se instaló en las radios norteamericanas como parte del entretenimiento musical. Las emisoras destinaron pequeñas porciones de su programación a esta música. La radio capturaba el espacio público (de las fonoplateas y espectáculos en vivo) y el privado del centro del hogar. En los primeros años de la década, el precio medio de un aparato de radio cayó de 90 dólares (valor en 1930) a 47 dólares en 1932, y aun así el consumo de receptores familiares llegó a los 4 millones. Dos años después, la radio alcanzaba el 60 % de los hogares norteamericanos, ya estaba instalada como un hábito común (Balio).

En los años veinte, las programaciones de las diversas emisoras incluían números de tango. Fue el caso de José Moriche en "El tango Romántico" emitido por WJZ, KDKA, KWK, y WREN ("The Microphone Will Present" C6). La programación de KNX de Los Ángeles con una orquesta española todos los días, a las 7:30 de la tarde, que ejecutaba "tangos seductores, rápidos foxtrot y vals" ("Radio Program has wide range" A5). La WABC que ofrecía la obra de Henry Hadley titulada "Tango Opalos" ("The Microphone Will Present: Artist"). Las actuaciones de la orquesta de Canaro, Lomuto, Firpo, entre los que realizaban regulares presentaciones en algunas de las cadenas locales más importantes de Los Ángeles, Chicago o Nueva York.

En la programación radial diaria anunciada por *The Washington Post* y *The New York Times* puede encontrarse regularmente la mención al género musical del tango. En algunas oportunidades se señala la orquesta, en otras simplemente se incluía el tango dentro de la programación más amplia de las emisoras. Por otra parte, también publicaban una sección llamada *en el aire hoy*, que hacía referencia a las actuaciones especiales, se describía quienes actuaban y el tipo de música que realizaban. Así por ejemplo, el *New York Times* del 9 de abril de 1930, presentaba las actuaciones del grupo *Los Argentinos*, un ensamble de músicos sudamericanos, se presentaba en Nueva York con el ánimo de llevar "exóticas melodías al corazón de América", tal como eran promocionados en los diarios. La orquesta dirigida por Osvaldo Fresedo interpretó un variado programa donde se incluían: "Tango lindo", el vals "Desde el alma", "La cumparsita", "A media luz" y "Adiós muchachos".

IV

South American Way

Have you ever danced in the tropics?
With that hazy lazy
Like, kind of crazy
Like South American Way
Ai, ai, ai, ai
Have you ever kissed in the moonlight
In the grand and glorious
Gay notorious
South American Way?

¿Has bailado alguna vez en los trópicos?
Con esa confusa sensación de vagancia
Como una especie de locura
a la manera sudamericana
Ai ai ai ai
¿Has besado alguna vez bajo la luz de la luna?
Con el grande y glorioso,
Alegre y notorio,
estilo sudamericano?

South American Way, 1939. *Una época de revolución es
una época incómoda para vivir* (Allen)

En las dos primeras décadas del siglo XX, una doble revolución se
llevó a cabo en los Estados Unidos. La primera, la de la producción y el consumo; la segunda la revolución social y moral. Hasta
el *crash* de 1929, Estados Unidos había demostrado tener una economía pujante: la productividad se expresó no sólo en el acceso a
los bienes de consumo sino en los beneficios de la comunicación
y el ocio. Así, por ejemplo, los teléfonos instalados crecieron de
1.355.000 en 1910 a 20.200.000 en 1930; la producción anual de
automóviles pasó de 4.000 anuales en 1900 a 4.800.000 unida-

des en 1929, la proporción se elevó a uno por cada cinco personas en Norteamérica, mientras que en Gran Bretaña era de 1 por cada 43 habitantes, en Italia uno por cada 325 y en Rusia uno por cada 7.000. Las cadenas de ventas, por ejemplo, se expandieron rápidamente, el número ya había trepado en 1918, a 29.000 en todo el país, saltando 11 años más tarde a 160.000. Las ventas crecían permanentemente y los nuevos productos como el rayón, la baquelita o el nylon simplificaban la industrialización de productos textiles o de aparatos domésticos. Como señaló Frederick Allen, "uno de los resultados más notables fue la conquista de todo el país por los gustos urbanos" (125).

La vida social norteamericana de la primera posguerra estaba repleta de ámbitos de diversión y entretenimiento. Las nuevas músicas, los bailes y la explosión derivada de la liberalidad del fin de la Gran Guerra trajeron la expansión de los lugares de entretenimiento y ocio. Fue una etapa en la que los conservadores criticaron la desintegración de los valores tradicionales, reflejada en un cambio en las maneras y modales sociales. Este cambio se manifestó en las nuevas modas femeninas y en el surgimiento de estereotipos diversos que incluía a las famosas *flappers* (Zeitz),[31] "antítesis absoluta de la madre y la esposa" (W. Leuchtenburg 173). Los años veinte se identificaron con los nuevos placeres, la diversión y la satisfacción inmediata. Estas características quedaron plasmadas en las novelas de Scott Fitzgerald, en el ritmo de la música *jazz*, y en la concepción artística de la época, como había sostenido Gertrud Stein, "el futuro ya no es importante", remarcando el constante presente en el que la vida transcurría. Las nuevas influencias que surgieron durante el período: la desilusión de la posguerra, la nueva posición de las mujeres, el automóvil, la expansión de los consumos y las modas modificaron los códigos morales, las pautas de conducta y la percepción del mundo por parte de la sociedad norteamericana. En este contexto de profundas transformaciones sociales,

---

31. Como señala Joshua Zeitz: Este concepto refiere a una muchacha desgarbada cuya postura y estructura física es larga y recta, las tiendas anunciaban este tipo de vestidos como "flapper dresses", vestidos aletas... cualquier costumbre novedosa podía ser atribuida a las flappers, fumar, beber gin, las polleras deportivas, pasar las tardes en los clubes de *jazz*". (98)

culturales, técnicas y económicas, los peligros de la prosperidad no parecían evidenciarse.[32]

Sin embargo, algunas nubes eclipsaron las luces de la nueva era. En 1919, se sancionó la ley que prohibía la manufactura, venta y transportación de bebidas alcohólicas,[33] era el triunfo de un movimiento refractario a la liberalidad que caracterizó a la sociedad norteamericana desde finales del siglo XIX. La revolución en las costumbres que se había experimentado fue respondida por una reacción de sectores tradicionalistas que se expresaron de forma autoritaria y fundamentalista. Un ejemplo de ellos fueron las acciones del Ku Klux Klan (fundado en 1915) que recobraría fuerzas en la década de 1920, protegiendo la sanidad del hogar, la castidad de la mujer y la supremacía blanca. El movimiento puritano que desvió en la cruzada prohibicionista encontró un considerable eco en las actividades del Klan que asumió como propio el discurso de las campañas prohibicionistas. La liga de la lucha contra los bares (Anti Saloon League) encontró apoyo entre las clases medias urbanas que consideraban necesario terminar con los vicios y restablecer una sociedad saludable. Para el movimiento refractario la ley era una necesidad para restablecer la moralidad tradicional, para otros, la ley era básicamente imposible de aplicar en forma eficiente, sólo la línea de costas y fronteras de los Estados Unidos sumaban unos 30.000 Km. El movimiento Prohibicionista enunciaba un choque cultural: el ala liberal, progresista e integrador contra una visión tradicional y fundamentalista religiosa. En este sentido, esta última se oponía a todo aquello que representaba una movimiento cultural amplio que en muchos casos se vinculó con el *jazz*, la integración

---

32. Es curioso que José María Rosa, a la sazón Ministro de Hacienda en 1910, declarara en la Cámara de Diputados que "la prosperidad es frecuentemente la causa de excesos en la vida de los pueblos, de gastos y consumos extraordinarios, de extravagancias en las expensas públicas y privadas, de despilfarro, del juego desenfrenado, de especulaciones absurdas, de lujos y disipaciones que producen decaimiento en las fuerzas sanas de la economía nacional". Diario de sesiones de la Cámara de Diputados, 4 de noviembre de 1910, en Natalio Botana y Ezequiel Gallo, *De la República posible a la República Verdadera* (Buenos Aires: Ariel, 1999), 473. El texto me fue sugerido por Ezequiel Gallo.

33. Ley Volstead. 1919.

y con los excesos de los *años locos*.[34] Como ha sostenido Lawrence Levine, la prohibición fracasó en los Estados Unidos no por ser institucionalmente imposible sino porque pretendía ser algo más que una reforma institucional, un imperialismo cultural: "este imperialismo cultural, quizá más que los efectos materiales de la reforma, enfureció a las poblaciones urbanas, industriales e inmigrantes, quienes constituían los principales opositores a la prohibición" (Levine, *The Unpredictable Past* 198). Este conflicto representó el intento del resurgimiento del *ethos* de una Norteamérica protestante contra la modernidad que se desarrollaba a un ritmo acelerado bajo el impacto de las nuevas tecnologías, la industrialización y los nuevos medios de comunicación.

A pesar de esta suerte de confrontación de modelos culturales, en los años veinte, los salones de baile junto a los bares y tabernas eran una de las atracciones más significativas.[35] Una de las consecuencias de la ley fue la creación de miles de salones, bares y tabernas que vendían alcohol de forma ilegal. Lejos de funcionar como lo habían previsto los prohibicionistas, la ley no se cumplía en varios estados; en otros era completamente ignorada. En algunas ciudades, los fiscales federales encargados del control de los clubes nocturnos, los clausuraban "sólo para descubrir que volvían a inaugurarse en otra dirección pocos días después". A mediados de la década de 1920, la batalla entre los prohibicionistas y los opositores seguía vigente, aunque claramente no se conocía el alcance y los resultados de la aplicación de la ley.

En 1925, LeRoy Bowman, secretario del *City Recreation Committee* de Nueva York, analizaba los tipos de salones bailables en aquella ciudad (Bowman y War Lambin). El motivo para realizar este estudio estadístico se hallaba, principalmente, en el alto grado de popularidad que obtuvieron estos ámbitos de diversión desde el fin de la guerra y en los mecanismos de control que se derivaban de la imposición de la Ley Volstead en Estados Unidos. Durante los años veinte, y como parte de las políticas de control de alcohol, ciudades como Nueva York o Chicago expresaban a través de la vida

---

34. Algunos autores han sostenido que el movimiento *prohibicionista* reflejaba una posición contra revolucionaria, más que reaccionaria.

35. Junto con los *Night Clubs* eran considerados los espacios más activos, alternativos y de mayor libertad en los años 1920.

nocturna una atmósfera de diversión, exotismo, ilegalidad y deseos (Erenberg 768).

En Nueva York, en 1925, existían 786 salones autorizados, lo que implicaba un crecimiento del 60% respecto de 1920. Este era un dato curioso, teniendo en cuenta el control del espacio público que introducía la puesta en práctica de la llamada *ley seca*. Los salones contabilizados se clasificaban en tres tipos: restaurantes donde la danza era incidental, los salones alquilados para eventos realizados por alguna institución; y los salones de baile propiamente dichos *(ball rooms)* donde la administración se hacía cargo de todo el entretenimiento. Estos últimos, a la vez, se clasificaban en "salones cerrados" *(closed hall)* y palacios de baile *(dance palace)*. Desde la aprobación de la ley, los *closed halls* eran gestionados por organizaciones comerciales desplazando a las sociedades comunitarias o clubes sociales. Antes de las medidas contra el consumo de alcohol, una parte importante de las ganancias de estos eventos provenía de la venta de licores, vinos livianos y cervezas; las nuevas disposiciones trajeron como consecuencia que sólo 16 de las más de 120 salas se mantuvieran como propiedad de organizaciones sociales, y el resto pasó a manos privadas que organizaban fiestas privadas. Este tipo de lugares constituyó un foco de atención para los "reformadores", como se referían a los controladores de la producción y venta de alcohol en espacios públicos. Los *closed halls* funcionaban en edificios grandes, en algún departamento, y su clientela la constituían fundamentalmente hombres. El funcionamiento de este ámbito bailable se daba a través de la contratación de muchachas que cobraban una comisión por cada uno de los bailes. El pago de la entrada al salón incluía el derecho a seis u ocho bailes y por cada uno que se agregaba, el cliente debía pagar entre diez a veinticinco centavos. Los bailes duraban alrededor de un minuto con intermedios de 30 o 40 segundos, al ser tan breves los asistentes requerían los servicios de las empleadas a lo largo de la noche. En el análisis de Browed, tanto clientes como bailarinas eran explotados por el administrador del evento ya que cualquiera de ellos debía, al menos, gastar tres dólares por un número razonable de bailes, mientras que las bailarinas recibían cuatro centavos por cada pieza. Los números eran contundentes, para poder llevar una vida normal, una muchacha debía facturar al menos 20 dólares por semana, esto implicaba 400 piezas de baile por semana o setenta por noche.

El siguiente tipo de salón, los *palacios de baile*, florecieron durante 1911, eran gestionados por organizaciones comerciales. Se trataba de ambientes muy diferentes a la sordidez de los *closed halls*, constituidos por un espacio amplio, decorado correcta y elegantemente, con comodidades para bailar y relacionarse. Generalmente albergaban entre quinientos a seiscientos concurrentes. Mientras que los salones cerrados sólo poseían una orquesta básica, éstos tenían al menos dos, y la duración de las piezas bailables era de entre tres a seis minutos. En estos lugares hombres y mujeres concurrían conjuntamente y, en lugar de las explotadas muchachas, se encontraban profesoras que enseñaban los pasos a los concurrentes. Estos salones incluían piezas de vaudeville, concursos de bailes, disfraces y otro tipo de diversiones.

El informe presentaba, además, una interesante revisión demográfica de los concurrentes a estos lugares de diversión. Se calculaba que alrededor de 6 millones de personas asistían a los bailables en la ciudad de Nueva York, la mayoría de los clientes tenían entre 17 a 40 años, en el caso de los restaurantes la proporción de los hombres y mujeres era similar; en caso de los palacios de baile la relación era de 60% hombres y 40% damas, mientras que los salones cerrados sólo atraían (por obvias razones) a hombres. La mayor parte de la gente concurría a alguno de estos lugares al menos una vez a la semana o más frecuentemente. Finalmente, mientras los restaurantes y los palacios de baile se ubicaban en las zonas céntricas de la ciudad, los salones cerrados lo hacían en los barrios y en los distritos más alejados.

La siguiente tormenta que empañó los ámbitos de entretenimiento se produjo en 1929. El período de la prosperidad produjo la ilusión de que cualquiera podía convertirse en rico, y esta idea había sido deliberadamente cultivada por quienes ocupaban posiciones de alta responsabilidad financiera (banqueros, responsables de inversiones, especuladores). Cuando en octubre de 1929 la bolsa se desplomó, nadie podía explicar certeramente que había sucedido "era cierto que el crédito era fácil, pero lo había sido antes sin producir una manía especulativa". El colapso de Wall Street en octubre y el inicio de la Gran Depresión implicaron no sólo la pérdida de empleos, dinero y el cierre de establecimientos comerciales y fabriles sino la pérdida de la confianza en las posibilidades de salida. La depresión impactó en todas las áreas de la vida norteamericana. En los años posteriores al derrumbe del sistema bancario, se notó claramente las consecuencias: los créditos se volvieron impagables, miles de familias perdieron sus viviendas, hubo un aumento impactante del nivel de desempleo, y aún cuando miles de norteamericanos quedaron fuera de los ámbitos de trabajo y el *New Deal* intentó regular y buscar soluciones a los problemas socioeconómicos, el país no abandonó sus formas de entretenimiento y diversión. De hecho, algunas voces sostenían que frente a los graves problemas que enfrentaba la nación más que nunca era necesario mantener esos ámbitos de ocio y entretenimiento abiertos al gran público. La radio fue un vehículo fundamental para llevar no sólo mensajes alentadores a los oyentes o para comunicar la palabra política sino también para crear un ambiente musical que llevara alegría, ritmo, canciones y entretenimiento a las familias.[36] Sin embargo, no sólo la radio tuvo un rol fundamental durante los años de la depresión. Ciudades como Nueva York constituyeron círculos de ocio y diversión muy importantes. Los *night-clubs* fueron uno de los emblemas modernos que sobresalían a fines de la década del veinte y en el inicio de los años treinta, y aun cuando la crisis golpeó fuertemente la esfera del ocio y la nocturnidad, en 1935 renacieron con fuerza renovando el panorama bailable y musical.

En 1930, un informe del gobierno de los Estados Unidos, sostenía que las diversiones comerciales habían crecido de manera impactante, y se consideraban "factores vitales en el progreso de la civilización" (US Government: Recent Social Trends in the US). Como hemos analizado anteriormente, a pesar del fuerte impacto de la crisis, el público norteamericano continúo asistiendo a las salas de cine y a diversos espectáculos. En este sentido, la política de Roosevelt, con su decisión de dejar sin efecto la prohibición de la venta de bebidas alcohólicas fue una suerte de fusible para descomprimir el ambiente social en plena crisis y desocupación. Lejos de ser el "hombre olvidado" como se señaló en muchas oportunidades, el consumidor cultural norteamericano fue una presencia importante en los diferentes ámbitos de la industria cultural. En este aspecto, el tango no cayó en el olvido sino que fue objeto de una permanente recreación. En este sentido formó parte de la política del *buen*

---

36. Recordemos que el presidente Roosevelt tenía su propia audición *fireside chat*, en la que leía las cartas de los oyentes y se comunicaba "directamente" con el pueblo.

vecino que los años de Roosevelt pusieron en marcha. Mientras en la década del veinte, una amplia gama de ámbitos de diversión y entretenimiento era estudiada, medida, calificada y cuantificada, el tango parecía sobrevivir a las estadísticas de dos modos no siempre favorables: la crítica temerosa y refractaria; y el encanto de sus movimientos que se re-editaban al son de nuevos ritmos.

Siga el baile, siga el baile

En 1918, el Vaticano todavía insistía en prohibir el tango aunque los diferentes centros de entretenimientos en Europa y Estados Unidos también insistían en mantenerlo. La disputa sobre la indecencia se extendió después de la Gran Guerra y, conforme el conflicto llegaba a su fin, los viejos demonios volvían a agitarse. Un cable informaba que el 14 de enero de 1918, el Vaticano había publicado un decreto donde el cardenal de Lai, secretario de la Congregación Consistorial, había definitivamente prohibido las llamadas danzas modernas, entre ellas el famoso ritmo porteño. La recurrencia sobre este tema apareció cuando un obispo norteamericano propuso que algunas danzas fueran permitidas en horarios diurnos. La reacción de la autoridad vaticana no se hizo esperar y prohibió inexorablemente practicar estos bailes ya sea por la mañana, al mediodía o al atardecer ("Vatican Prohibits Tango" 9).

Apenas dos años después, el cardenal Annette, arzobispo de París, morigeró la prohibición planteando que si el tango se enseñaba como lo practicaban los bailarines profesionales, podía bailarse hasta en un colegio de monjas. Esta visión tan optimista se conformó luego de que el arzobispo asistiera a una sesión de la Conferencia Internacional de Maestros de Baile realizada en París ("Tango Is Approved by Archbishop" 17), aunque el llamado a la moderación en el baile seguía vigente ("Moderation is Society Edit" V13).

En el comienzo del período de entreguerras, París continuó siendo un escenario esencial en la mirada norteamericana, en este sentido un periodista describía que la vida nocturna en aquella ciudad consistía exclusivamente en bailar. Si bien en otros tiempos la danza tenía "un papel secundario en los placeres humanos", en la posguerra tomó el centro de la escena marcando un trascendental cambio en las costumbres ("La vida nocturna" 4). La combinación entre la cadencia del tango y los salones de diversión tenía una esencia única, a tal punto que el nieto de Clemenceau recibió un premio en el campeonato amateur de danzas, donde expuso el *onestep*, el *Boston*, el *foxtrot* y el tango.

Durante estos años, el campo de las danzas populares encontró un punto central de competencia. El vals, el tango y el *jazz* se imponían deslumbrando con sus acordes y movimientos a toda una nueva generación de bailarines. Algunos especialistas encontraban al vals más insidioso que el cuestionado tango. Esta opinión era sostenida por Henry Moncken, que no tenía dudas acerca de que el tango o el *shimmy* tenían violentos movimientos afrodisíacos aunque había existido algo mucho peor: los valses vieneses. Estos producían el acercamiento escurridizo, oculto, furtivo, que embelesaba a las damas y las llevaba a cometer infidencias, mientras que "el *shimmy* y el tango son demasiado groseros para ser muy peligrosos para los seres humanos civilizados: sugiere beber cerveza de los baldes, y el buen gusto más elemental es prueba suficiente contra ellos". En opinión del especialista, estos ritmos modernos sólo podían atraer a una banda de cursis, bárbaros, idiotas y cerdos ("The Insidious Waltz" 5). Estaba claro, para ese entonces, que Estados Unidos había provocado una novedad en el circuito cultural de la música: exportó el *jazz* de Broadway hacia Europa, y esto produjo gran conmoción. No sólo dejaba de mirar de reojo qué sucedía en las grandes capitales sino que un ritmo propio, de raíces negras, ocupaban un lugar en la escena de las danzas. Esta exportación del *jazz* ocurría en un contexto en el cual el mercado de músicas y bailes ya estaba ocupado, por tal motivo la música negra norteamericana debió hacerse un lugar, desplazar ritmos e imitadores. Algunas orquestas europeas intentaron vanamente imitar el *jazz* norteamericano produciendo pálidas y poco satisfactorias versiones en comparación a la escena genuina de Broadway ("*Jazz'*er UO! La conquista de Broadway de Europa").

En los años veinte, el tango se continuaba enseñando en las academias y con profesores particulares. Un aviso clasificado de *New York Times en* 1922 anunciaba: "el genuino tango argentino. Garantizado en cinco lecciones" ("Publicidades New York Times" II 9). Los manuales de danza lo incluían dentro de sus capítulos e incluso algunos periódicos publicaban notas *prácticas* para aprender a bailarlo. Los clubes de tango, creados en la década de 1910, realizaban exposiciones y tango-tés una vez a la semana alimentando la pasión por este ritmo. Por supuesto que Maurice e Irene Castle continuaban sus fastuosas exhibiciones.[37] En el Club Mirador, por ejemplo, Maurice bailó con su nueva compañera (y nueva esposa) Eleonora Ambrosio acompañados por la orquesta de Francisco Canaro (Valentino 8 de julio de 1926, 5). La modalidad de incluirlo en los bailes de sociedad, en las exhibiciones y en diferentes espectáculos se mantuvo: Gertrude Bennett y Joseph Hess, dos bailarines amateurs, lo bailaban en la cena de honor que se hacía para *Lark Ellen Home for Boys* en el hotel Maryland en Pasadena ("To Dance for Boys Benefit" II 8). El renovado éxito estaba asociado al impacto que conllevó su aparición en el cine. Quizá la novedad que incluyó la década de 1920, probablemente como un efecto de la popularidad de la escena de Rodolfo Valentino en su película, fue que una serie de personalidades se animaban a exponer sus habilidades en lugares públicos.

El 25 de enero de 1925, *The New York Times* relataba la impresión favorable que causó el Príncipe de Gales que, luego de retornar desde Argentina, se lució como un gran bailarín de tango en los salones de Mayfair. Aunque los concurrentes discutían si el tango no se había vuelto tedioso y aburrido, y si el *charleston* o el *foxtrot* lo remplazarían, el príncipe Eduardo volvía a ponerlo de moda en los salones de la aristocrática sociedad británica. El príncipe no era la única personalidad que se lucía en las pistas de baile, en Buenos Aires, el héroe norteamericano Coronel Pershing aprendía a bailarlo. En su visita a la Argentina no sólo tuvo la oportunidad de recorrer la propiedad de un norteamericano poseedor de 25.000 acres al borde de La Pampa, además probó el mate y aprendió a bailar el tango de la mano de la hija de su anfitrión. Desde Londres, el escritor Bernard Shaw admitía que lo aprendió en su viaje a Madeira. Shaw sostenía que el tango era la única danza moderna que requería ser pensada y estudiada, por tal razón en su viaje de descanso en aquella ciudad tomó lecciones. Eso no significaba – le aclaraba a los periodistas – que siguiese practicándolo en su retorno a Inglaterra.

El tango seguía siendo un buen instrumento para la cari-

---

37. Vernon Castle había muerto en 1919, pero su esposa, Irene, continúo bailando con otros acompañantes.

dad, como lo demostraba el baile organizado por la Iglesia Rusa de América con el objetivo de recaudar fondos para sostener sus actividades. El evento se realizó en el Ritz Carlton en Nueva York, entre sus participantes se encontraba lo más granado de la alta sociedad neoyorquina además de algunos miembros de la antigua aristocracia imperial rusa como el matrimonio Leeds, Alice Astor, el príncipe Serge Obelensky y la Princesa Xenis. Para apoyar la suscripción al baile, la joyería Cartier donó algunas piezas de su colección que lucirían en el concurso de baile que incluía a los principales ritmos de moda, además del baile porteño ("Proletarian Dances Invented for Soviets" 2).

En la medida en que existieran los lugares para ser bailado, el tango se extendía. Arthur Murray, presidente del Instituto Nacional de Danza de los Estados Unidos, sostenía que "La tendencia del momento es hacia el tango como se hace en París, porque muchos estadounidenses ahora van a Europa, lo aprenden allí y lo difunden a su retorno" ("Immoral Dancing Reduced by Charleston, says Murray" 5). La mayor demanda de la gente de la alta sociedad estaba en aprenderlo. El bailarín declaraba que cuando una sociedad introducía con éxito una danza, el resto de la gente los imitaba. Las academias Murray ofrecían un plan para aquellos que desearan ahorrarse los costos del aprendizaje. La mejor forma de aprender a bailar era con un grupo de amigos, e incitaba a formar el propio grupo para que funcionara en el hogar o en la academia de baile, contratando al profesor a un cuarto del costo de las clases privadas; "tome la iniciativa... necesita sólo cuatro personas para comenzar con su propio grupo" ("Take the Initiative... You Need Only Four People to Start Your Own Group"). Aprender a bailar era una necesidad, nuevos ritmos se sumaron al abanico de las danzas modernas. La exótica rumba era, en los años treinta, una de las más importantes, pero el tango permanecía como una danza distinguida y elegante. A fines de la década de 1930, Murray festejaba sus 25 años en la danza, y realizó una fastuosa exhibición en el *Madison Square Garden*. El lugar resultó insuficiente para albergar a toda la concurrencia. Su fama estaba en la simplicidad de su método y en la comprensión de la función del baile en la sociedad moderna. Para él, bailar tenía como función primordial alejar a la gente de la soledad, de la tristeza, de la desolación. Aquel sagaz maestro se volvió un exitoso empresario cuyas academias se extendían por todo el país, se publicitaban en todos los periódicos y su grupo de profesores realizaba exhibiciones en los principales salones de los Estados Unidos. Aunque Murray ya no enseñaba se contaba que su última alumna, Eleonor Hutton heredera de un famoso capitalista norteamericano, insistió en aprender a bailar el tango con él. Murray estipuló un valor de cinco mil dólares por clase, con el objeto de disuadirla de esa idea, pero la rica mujer aceptó el costo del aprendizaje.

A pesar de todas las regulaciones y prescripciones, las noticias de Europa seguían impactando en la prensa norteamericana informaba sobre la hostilidad que tenían los marineros ingleses hacia sus pares argentinos debido a la habilidad natural de estos para bailar el tango. En la puerta del *Hall Pool* de Liverpool comenzó una pelea entre ambos grupos, debido a los celos que despertó la buena forma de ejecutar el baile por parte de los argentinos. Ante esto, "los muchachos ingleses se descontrolaron – atestiguó una concurrente al baile – Anoche, se dijo, los argentinos llegaron al baile, armados con cuchillos y pedazos de tubos que utilizaron libremente cuando la riña comenzó". El saldo de la fabulosa gresca fue de tres personas hospitalizadas y veinte marinos argentinos detenidos.

En los años veinte, en algunos escenarios norteamericanos, todavía no habían hecho su aparición los auténticos ejecutores argentinos del tango. Hasta ese momento, el tango había tenido idas y vueltas en la sociedad norteamericana, y lo que se había instalado como tal era un conjunto de pasos divertidos realizado por parejas que se paraban en posición de tango con una música de estilo *rag* en un tiempo lento, según señalaba un cronista norteamericano ("Dance Tango Too Well" 13). Recién a mediados de la década comenzaron a llegar algunos músicos argentinos en gira por los Estados Unidos. La versión genuina que traían los músicos locales se veía transformada respecto de lo que se conocía como tango. Una orquesta de hombres vestidos de gaucho producía un efecto exótico en los lugares de entretenimiento. Los nuevos *tangueros* era un conjunto de vaqueros argentinos que bailaban la sofisticada danza y lucían de un modo que no era común en Buenos Aires. Los diarios los describían como una banda de gauchos, ya no se trataba de una orquesta ni de un conjunto musical, en este sentido vemos como los propios argentinos decidieron adoptar la hibridación que apareció a través de Valentino o Fairbanks con sus gauchos tangueros ("The Gauchos Arrive for Tour"). En esta hibridación, el tango perdía su aire porteño, ciudadano, y se resignificaba a través de un disfraz gauchesco, exótico, casi estrafalario. Del mismo modo, podía verse en una fotografía de *The New York Times*, en 1930, a Osvaldo Fresedo vestido de gaucho ejecutando el bandoneón en el anuncio de sus próximas apariciones radiofónicas.

Los destellos de Valentino no desaparecieron de la escena nocturna, cada tanto un buen bailarín de tangos hechizaba el salón de baile, como el caso de un joven argentino, hijo de un rico hacendado, que ejercía una notable influencia sobre las mujeres. De paso por los Estados Unidos, el muchacho se dirigía a París, pudo mostrar su encanto en las fiestas nocturnas. Pierre Van Paassen, reconocido escritor, comentaba la historia de este joven sospechosamente parecido a Rodolfo Valentino y decía: "Por primera vez fuera de casa, me gustaría ver qué es de este hombre después de un año y cuánto queda de él" (Van Paassen 3).

Por momentos parecía que el tango recobraba fuerza en los escenarios de ocio y entretenimiento, en parte debido a las nuevas representaciones; y en parte, a que los ritmos que hicieron furor en la década del veinte, como el *jazz*, cedían ante la tranquilidad del tango. La ciudad de Londres era un modelo donde los norteamericanos observaban las modas culturales, parecía ser que el *jazz* aburría a la alta sociedad europea, y los maestros de baile querían reimponer la danza argentina: "intentos con este objetivo se han hecho antes, nunca con mucho éxito, pero este año se traerá una banda especial y el tango-danza será intentado como nunca antes" ("*Jazz* Tires London; Tango Is Taught" 6).

El príncipe de Gales hacía renacer al tango usando a su hermano como acompañante. En una fiesta, cuando se le pidió que diera una demostración, el príncipe tomó a su hermano, el príncipe George,[38] y ordenándole "*pretende que eres una mujer y deja tus largas piernas fuera de mi camino*", deleitó a los espectadores con una excelente exhibición ("Prince of Wales, Showing Tango" 36). Con su segunda visita a la Argentina, en 1931, se volvió un experto en esta música, y declaró ante la prensa cuáles eran sus temas preferidos: "Perdita" y "Yiva, Yiva" ("Pérdida" y "Yira, Yira"). Al señalar un tango de Discépolo como uno de sus predilectos, indicaba su conocimiento en la composición musical y poética de la historia del tango en Argentina.

El tango se escuchaba, en la medida en que los ritmos rápi-

---

38. Futuro Rey de Inglaterra, George VI.

dos quedaban fuera del circuito del baile. En el inicio de la crisis del 29, Argentina volvía a los escenarios neoyorquinos en una serie de presentaciones que se llevaron a cabo en *Town Hall*, donde se bailó bajo el título: "Baile de Fuego". Esta vuelta al tango tenía la contribución hecha por los visitantes norteamericanos. Parecía ser que la ciudad llamaba la atención por tres razones claras: su modernidad, su ritmo rápido y el tango. Las opiniones sobre las virtudes del baile provenían de dos sectores: los viajeros que se impresionaban con los cabaret, confiterías y fiestas porteñas y los expertos bailarines que aseguraban conocer dos tipos de tango: el de las exhibiciones que requería pasos elaborados y espacios amplios para poder ejecutarlo, y el de salón, más compacto, cuyos movimientos eran más controlados y no requerían de los grandes paseos por la pista como los que había ejecutado Valentino. Sólo en Buenos Aires podía bailarse el verdadero tango ya que la ciudad parecía transmitirles el "sentimiento y la atmósfera": el genuino tempo y el paso adecuado, "una verdadera reliquia de los viejos tiempos coloniales" (*New York Times* 10 de abril de 1929). Sin embargo, algunos bailarines sostenían que el tango era tan simple que hasta los niños podían aprenderlo con un par de lecciones. Una de las ventajas resaltadas por Ernest Ryan, maestro de baile en la ciudad de Los Ángeles, era que el tango era fácil e interesante, ya que el compás determinaba cada una de las figuras que debían llevarse a cabo. Ryan sostenía que la mejor manera de darse cuenta de la popularidad de este ritmo estaba en la cada vez más numerosa cantidad de alumnos que llegaban a las academias de baile para aprenderlo ("Music and Musicians" B15). Algunas noticias indican su aceptación entre el público norteamericano, como por ejemplo los bailarines Armando y Leone ejecutando un tango frente a la multitud en los juegos de béisbol. También, el actor César Romero bailaba tangos junto a Florence Kaelker, en el Club St. Regis en una fiesta organizada para ayudar a una institución benéfica.

Sin dudas, los múltiples ámbitos de diversión fueron centrales en la cultura norteamericana de entreguerras, pero no lo fueron en la misma medida. Ese florecimiento de los años 20, aún con las limitaciones que implicaba las campañas de los "prohibicionistas", comenzó a reacomodarse a partir de la década de 1930.

Que pa'lucir tus cortes, pondrías academias

En 1929, Miguel Eusebio Buchino componía el tango "Bailarín Compadrito", donde relataba la historia de un bailarín que hacía las delicias del tango en los bailes de Barracas al Sur y que, posteriormente, "vestido como un dandy, peinado a la gomina" lo enseñaba a bailar en los salones decentes y renombrados, "con aire de importancia, luciendo su elegancia y haciendo exhibición". Buchino retomaba la triste historia prototípica donde la aventura del ascenso social y el olvido de las raíces eran elementos que resonaban en la poética tanguera. El reo de otros días se había convertido en rey del Cabaret, pero para eso debió olvidarse de quien era e inventar un sujeto nuevo, aunque deseaba estar en el origen que hizo que lo aprendiera naturalmente. Es por esta razón que el autor proponía reparar en el sentimiento que surgía en el bailarín cuando oía *La Cumparsita*, donde su corazón volvía a latir con la fuerza de antaño y resurgía más allá del disfraz, más allá del smoking. El recuerdo de que un día lo bailó de *lengue y sin un mango* contrastaba con la fortuna del profesor que lo hacía como si fuera un aristócrata. La melancolía del tiempo que pasó volvía en el recuerdo de la poesía para señalar que el sentimiento natural no se perdió aún cuando el bailarín deba representar un simulacro dejando atrás el pasado. ¿Representaría el sentimiento de aquellos bailarines de la vieja guardia como Bianquet o Aín, en su excursión por los modernos países que admiraban el tango? El viejo bailongo orillero reemplazado por los lujosos escenarios, ¿había dejado este sinsabor en aquellos que se sumaron a la aventura del tango *for export*?

Un tango de 1930 se refiere de forma irónica al destiempo del auténtico bailarín de tangos en París. En *Araca París* se señalaba que ya no quedaban *franchutas diqueras* para engañar y que para sobrevivir en la *ciudad luz* había que trabajar. Por esa razón, lo más conveniente era volverse al barrio donde las milongas eran verdaderas. Sin embargo, muchos artistas, desoyendo el consejo, fueron a dar a Estados Unidos con el objeto de instalar el tango en un contexto más favorable a sus deseos. Durante los años treinta, el tango continúo en la escena norteamericana, donde los músicos y bailarines constituían un grupo heterogéneo. Los profesores norteamericanos, las parejas de bailes locales, los conjuntos musicales representaban los ritmos diversos y se encargaban de llevar el tango a los escenarios. Pero también persistían los artistas argentinos que continuaban su cruzada por el tango, aprovechando el contexto del panamericanismo cultural que imbuía la política norteamericana.

Las instrucciones para bailar continuaron, y la danza porteña se practicaba en diferentes ámbitos: los salones de bailes, las academias, los teatros y los *night clubs*. Los hoteles ofrecían "una miríada de variedades en entretenimientos" desde Nueva York hasta Chicago (Erenberg 768). Era el caso del *Waldorf Astoria*, en su *Starlight Roof*, donde se lo bailaba por la banda de Xavier Cugat, destacado como el mejor intérprete de tangos y rumbas (Gould, "News and Gossip of Night Clubs" 142). Cugat, un violinista catalán que había formado una banda en los años posteriores a la crisis del 29, interpretaba música centroamericana como la rumba y el mambo, pero en los periódicos se lo presentaba como el Rey del tango-rumba. En 1931, el músico se presentaba con la nueva *Cuban Tango Band*, en el Ambassador donde se alternaba Mischa Borr y su banda de tango-rhumba, que actuaba junto a la famosa orquesta de *Guy Lombardo and his Royal Canadians* ("News of the night Clubs" 130). En el *Mercury Theatre*, en el *Rainbow Room*, actuaba la orquesta de Eddie Le Baron, especialista en tangos. Estas manifestaciones de hibridación del tango y la rumba no se limitaban a la ciudad de Nueva York o Los Ángeles. En Nueva Jersey, en Ross Fenton Farms, podía verse a Medrano y Donna, famosos bailarines de tango argentino ("News of the Night Club" 104). La revista *Caras y Caretas* sostenía que dentro de la cruzada que el tango argentino estaba realizando en Nueva York, esta pareja, junto a Ramón y Rosita, era una de las más destacadas mezclando el tango, el minué, la gavota y la danza apache. Ambas seguían el estilo de Valentino y Fairbanks, luciendo simpáticos trajes de gauchos. Medrano sostenía que tuvo que adaptarse a las exigencias del público yanqui, que no tenían intenciones de conocer "las cosas tal como son en realidad sino cómo se las imagina" ("La Cruzada del Tango en Nueva York" 33). Desde el punto de vista de la autenticidad, los bailarines argentinos debían traicionar las condiciones originales de esta danza para adaptarse al público norteamericano, creían que si perduraban se aceptaría la forma auténtica de bailarlo; sin embargo, la adaptación a la escena norteamericana implicaba una especie de humillación de las raíces del tango. Medrano señalaba que "en los comienzos hubiera querido bailar con un antifaz por si un espectador argentino me hubiera sorprendido en ese atentado tanguístico". Un año antes de que Buchino escribiera su reclamo para el ex bailarín compradito, Medrano confesaba la vergüenza de bailar en un estilo que no era el original. A pesar de este sentimiento, la crítica norteamericana veía sus interpretaciones en términos de genialidades. Los describían como la "pareja hispana más animada, que tenía la sutileza en cada movimiento cuando se entretejen a través de un tango o desatan sus sonoras castañuelas. Pertenecen a la mejor tradición exportada desde el extranjero" ("News of Night Clubs" X2).

Otra de las parejas más populares era la de Veloz y Yolanda, que se presentaba en el *Coconaut Grove* del *Ambassador*, en el *Carnegie Hall* y en el *Central Park Casino*. Sus actuaciones eran acompañadas por la Orquesta de Pancho, publicitados como "los más finos bailarines del mundo". Como lo había pronosticado el maestro Arthur Warren, el retorno del tango en los años treinta iba a ser extenso, y muchos otros ritmos iban a revivir junto con el nuevo tango ("Hollywood Tango Next" 15). La mezcla de auténticos porteños e imitadores de Valentino creaba una tensión en la escena del espectáculo: los seguidores de Valentino eran, sin dudas, los más exitosos y mejor remunerados, lo que obligaba a los argentinos a adaptarse forzosamente a las demandas del mercado del entretenimiento norteamericano.

Pero no todas las parejas exitosas provenían del Río de la Plata. En febrero de 1936, el Club Ámsterdam realizaba un exitoso concurso de baile para parejas amateur. Allí se consagraron Curtis y Dubois, oriundos de St. Louis, con una sofisticada rutina de baile de tango, bajo la animación de Beulah Cromwell. El baile seguía presente en lugares más sofisticados y menos improvisados, como el *Rainbow Room* en el *Rockefeller Center* donde actuaba "Don De Vodi y su tango" ("Advertised" 26). El salón *Pall Mall* del *Raleigh Hotel* que fue escenario de "Una noche en Argentina" ("A Night in Argentina! Held at Raligh Hotel" 16). Para finales de la década, el tango había vuelto a los escenarios nocturnos e iba a permanecer. Parecía que aquellos que frecuentaban los salones estaban convencidos de que el tango y la rumba eran los ritmos más populares, las danzas de moda, como lo describía *The Washington Post*: para estar a la moda en la primavera del año 1937, no alcanzaba con renovar el guardarropa, había que actualizarse con los pasos del tango y la rumba ("Tango and Rhumba Are Making Bids for Popularity on U.S Dance Floors" 24).

Panamerican Way: el tango americanizado

En 1928, el *Herald Tribune* de Nueva York, reflexionaba sobre algunos aspectos de la política panamericanista impulsada por el gobierno de los Estados Unidos. Entre otras cuestiones señalaba como problema que los norteamericanos eran ahora un pueblo sin nombre. Los habitantes de las naciones del sur se llamaban latinoamericanos, sudamericanos, e incluso hispanoamericanos pero no aceptaban que los estadounidenses se dijeran "americanos", "muchas veces se refieren a nosotros, y no de una manera amistosa, como *yankees* (...) La Unión Panamericana nos ha asignado el término horrible y pedante de "estadounidenses". La Unión Panamericana, para acercar lazos con las otras naciones de América Latina, intentaba no utilizar el término "americano" al referirse a los Estados Unidos de Norteamérica, aún cuando el Departamento de Estado "desesperado por agradar a todos, continúa denominando sus sucursales en el extranjero como *Consulado Americano* o *Embajada Americana*" (*Herald Tribune* 9 de marzo de 1928). ¿Cuáles eran las implicancias de estas consideraciones? En primer lugar, la definición del rol que Estados Unidos ocuparían dentro de la Unión Panamericana; en segundo lugar, si esta Unión connotaba o no condiciones igualitarias en relación con el resto de las naciones y, en tercer lugar qué constituía las diferencias nacionales en relación con el continente. Durante estos años, era difícil imaginar una identidad panamericana, incluso para Estados Unidos. Desde el punto de vista político era necesaria, al mismo tiempo que entrañaba algunos conflictos en la definición de las posiciones dentro de esa unión de estados nacionales. ¿Qué elementos comunes podían ser rescatados? En principio, no era el lenguaje y parecía que tampoco era la modernidad de las naciones, ni su cultura lo que las ponía en el mismo escenario.

Sin embargo, a fines de la década de 1920, despuntaba en Broadway, los norteamericanos se hacían eco de la negritud del tango.[39] Esta novedad la hacía evidente Renata de Almeida, quien en una conferencia en la Embajada de los Estados Unidos en Brasil,

---

39. En 1926 se había publicado el libro de Vicente Rossi, *Cosa de Negros*, donde argumentaba la raíz negra del tango rioplatense.

sostuvo que el tango había sido tocado por primera vez por negros en los carnavales rioplatenses. La conferencista decía que la palabra *tango* refería a un tambor específico que se tocaba durante las fiestas del carnaval. Le era más difícil argumentar cómo se había divulgado este ritmo: "cuando los muchachos de sociedad descubrieron que las niñas de sociedad, acompañadas por sus sirvientas, tomaban clases; adoptaron el tango y formaron clubes de danzas" ("Says Negroes Began Tango" 4). La popularidad de esta música permitía las más diversas interpretaciones, sobre todo cuando los ritmos brasileros no se habían impuesto en la industria cultural norteamericana.

En el contexto del panamericanismo, Estados Unidos necesitaba descubrir a sus vecinos. Esta estrategia tenía connotaciones diferenciales: en primer lugar, la idea de la política del *buen vecino* aplicada al contexto cultural y en segundo lugar, la utilización de los medios de comunicación para crear un sentido de unidad generado desde el punto de vista norteamericano. Las políticas orientadas a una visión *panamericanista* comenzaron a forjarse a partir de 1928 cuando el presidente Hoover realizó una extensa gira por países de América del Sur y Centroamérica.[40] El objetivo de la misma era orientar la política exterior para ampliar el mercado de consumidores. Posteriormente, en 1933, bajo la presidencia de Roosevelt continuaría el proyecto para influir no sólo a nivel económico sino también cultural. El temor al avance del nazismo y la potencialidad de la guerra hicieron que Estados Unidos intensificara su influencia política e ideológica sobre los países de América Latina. El gobierno de Roosevelt formalizó este proyecto en 1940 con la creación de la OCIIA,[41] presidida por David Rockefeller, que explicitó una serie de articulaciones institucionales y políticas para influir positivamente en América Latina, a través de la difusión de información acerca de Norteamérica que permitiera preservar y extender los valores. El sentido político estaba en crear un mundo de aliados *americanos* frente a la Europa en la encrucijada de los nuevos nacionalismos, una forma de cerrar las fronteras frente a la amenaza del nazismo. Esta construcción identitaria debía hacer conocer a los *otros* vecinos continentales destacando una suerte de modelo civilizatorio

---

40. Nos referimos a las políticas del Siglo XX.

41. Office of the Coordinator of Inter-American Affairs.

norteamericano (Moura 35). La industria cultural comenzó a influir en diferentes ámbitos, a través de estrategias y proyectos buscaban acercar a los Estados Unidos hacia América Latina, esto implicaba una construcción desde el modelo norteamericano y, a la vez, la exportación de sus modelos culturales al mundo latino. En este aspecto, hacia finales de la década, Hollywood, la gran fábrica de sueños, y la radio tuvieron un rol fundamental.[42]

Durante la década del treinta, con el impacto de la *Pan American Union*,[43] el tango argentino era una expresión cultural y artística en el conjunto de las hispanas. Los programas de los festejos realizados entre 1931 y 1932, en San Francisco, Miami, Nueva York, generalmente homogeneizaban un repertorio musical híbrido con una orquesta y uno o dos cantantes (habitualmente una soprano y un barítono) que ejecutaban algunos temas musicales.[44] En este contexto, en algunas ciudades norteamericanas se incluía tangos como "Milonguita", bailado por el señor Bargas,[45] además de "La Cumparsita" y "El choclo" (Goldberg). Un cronista de *The New York Times* del 20 de abril de 1931 sostenía que la variedad de bailes españoles "parece no tener fin: la jota aragonesa, el bolero, la seguidilla, el tango argentino y una docena de otras danzas". En un programa de bailes y canciones que referían a Sevilla, Andalucía,

---

42. Muchos autores han estudiado la influencia de la OCIIA desde el punto de vista cultural en Brasil. Cf. M. Caldas y R. Alcadipani, "Post-Colonialism In Latin American Management:The Genesis And Trail Of North American Reference In Brazilian Culture And Management", *Stream 18: Postcolonial Stream Proposal* FGV/EAESP, Brasil; Antonio Tota, "Americanizacao no condicional: Brasil nos anos 40". *Perspectivas.* São Paulo: 16: (1993) 191-212; Tania García y Carmen Miranda: "Imagem e símbolo da América Latina construido por Hollywood". *Idéias, representações e mitos norte-americanos*, V Encontro da Associação Nacional de Pesquisadores de História Latino-Americana e Caribenha – ANPHLAC, Belo Horizonte, 2002.

43. El presidente Hoover había proclamado el día Panamericano el 14 de abril de 1931. *The New York Times,* 8 de marzo de 1931. El 2 de abril, un cable llegado desde Buenos Aires informaba que el Presidente Provisional Uriburu había declarado el 14 de abril el día Pan Americano, como un feriado nacional dentro de la república, él mismo había dado instrucciones a las autoridades para tomar medidas para un adecuado festejo.

44. En algunos casos, toda la interpretación era musical sin voces. Este dato me fue referido por Ricardo Salvatore.

45. Sic, se estima que sería Vargas.

Granada, Castilla, aparecían México, Cuba, y el Tango Argentino (dentro de la conmemoración de Cuba) llevado a cabo por la señorita Pramer, el señor Guarino y, en el piano, la señorita Tillier Trachtenberg. La misma mezcla se repetía en el programa de la noche, pero esta vez Argentina se ordenaba junto a otras naciones americanas: Cuba, México, Puerto Rico, Venezuela, Chile y Granada. Las expresiones argentinas eran "El pericón nacional" y "El tango", a cargo de Mss. Pietzuck, Antay, y los señores Terrano y Armas. Exponer a Latinoamérica era una constante para algunos espectáculos como el realizado en el *New School Auditorium* donde una compañía de 22 artistas se presentó para mostrar las principales producciones latinas: el tango, la rumba cubana, el jarabe mejicano y las danzas gitanas; "los músicos incluían guitarristas y cantantes gauchos, flamencos, un bandoneón y una orquesta nativa cubana: Los Siboneyes" ("Dance of Decorum to Replace Rumba" 6).[46]

Por su parte, las demostraciones realizadas por las asociaciones de profesores de danza mantenían activo al tango. Desde 1931, el dúo Fowler y Tamara ejecutaron "La Opera del Tango", y "La Opera del Vals de 1890"; y más tarde, la *New York Society of Teachers of Dancing* continuaba insistiendo con el baile. En 1938, en el Hotel Roosevelt, sus miembros expusieron estos ritmos: Albert Butler bailó rumba, Thomas Riley, *foxtrot;* y A. J. Weber, tango, también se incluyó a Joan Voorhees en una fantasía rusa, y a Fred Le Quorne junto a Rosetta O'Neil en tango. En los años siguientes, el ritual de las demostraciones y las presentaciones del tango como parte de los estilos modernos continuó hasta convertirse en un clásico. La complejidad del baile parecía ser el motivo que explicaba su inclusión y persistencia a través de estas décadas (Martin X6). Como parte de estos shows que recreaban misceláneos paisajes latinoamericanos, el Vanderbilt Hotel acondicionó su salón *Della Robbia* como un país tropical donde se presentaron números musicales a cargo de *auténticos shows* latinos, caribeños y negros: un original cabaret latinoamericano. Los argentinos que participaron eran Agustín Cornejo y Manuel Velázquez, guitarristas. Algunos espectadores se sorprendían que la guitarra fuera el instrumento constante en la música latinoamericana: los números

---

46. La orquesta Siboney era dirigida por el violinista cubano Alberto Iznaga.

representando a México, Perú, Cuba o Argentina no podían prescindir de ella ("Opera Teas Start for Fund Campaign" N3).

Los modos de aprendizaje del baile se diversificaron, no sólo podía aprenderse con profesor o en las academias, sino a través de las instrucciones incluidas en las revistas y diarios. En las publicidades se ofrecían clases para aprender a bailar las últimas danzas modernas. En estudios privados, por sólo un dólar la hora, la profesora Miss Alma enseñaba el tango argentino ("Harper Highlights" 80), el curso completo tenía un costo de 5 dólares. Las academias California, que recomendaban *Dance smartly – Learn Quickly*, ofrecían 10 clases privadas por sólo 4 dólares; la de Louis Glaubuir y Eva Carroll enseñaban la danza a un valor de cincuenta centavos la clase. Betty Lee enseñaba tango, *foxtrot* o vals en apenas cinco horas a 1 dólar la hora; la academia De Revuelta anunciaba: "*Come in and Dance!*: 7 horas y media de clases a sólo 10.50 dólares la lección privada, y 20 horas de clases a siete dólares y medio cada lección". La de Dawson Hayes enseñaba a bailar el tango con "gracia y experiencia", a sólo 1 dólar la media hora ("Graceful Tango" C6).

Algunos periódicos señalaban la "vuelta" del tango a los escenarios bailables norteamericanos, dentro de una miscelánea de danzas y ritmos. Se producía, en este aspecto, una disonancia cultural estableciéndose versiones híbridas y filtradas por los otros ritmos. El *swing*, el *big apple* y la conga eran las danzas movedizas de los años previos a la Segunda Guerra. Para algunos espectadores, los nuevos ritmos como el *swing*, que tenía en Benny Goodman y su orquesta a uno de sus principales difusores, eran una inmoralidad comparados con el tango que ya era conocido. Este estos años, perdió toda connotación inmoral, fue domesticado, estilizado y adecuado. El roce de los cuerpos dejó de representar una indecencia o un cuestionamiento a las costumbres. Mientras que el *jazz* y el *swing* implicaban exabrupto en los movimientos, porque llevaban las piernas en alto y exhibían bruscamente el cuerpo, el tango era una danza tranquila, lenta y suave. Para algunas opiniones, el *swing* era "la degeneración de una forma del *jazz*" y quienes lo bailaban eran "desafortunadas víctimas de la inestabilidad económica". Lawrence Levine, en su análisis acerca del *jazz* en la cultura norteamericana, señaló que este estilo musical prometía una gran libertad de expresión, tanto artística como personal. El *jazz* parecía ser el producto de una *nueva era*, discordante, espontáneo, abierto e interactivo (Levine, "*Jazz* and American Culture").

En este contexto, era evidente que el tango no poseía – al menos el que se bailaba en esos escenarios – ninguna de esas cualidades, era un baile "regimentado" enseñado en los escenarios foráneos, y lejos de resaltar la libertad de movimiento, constituía una serie de complicadas figuras para "seguir y estudiar".

Donald Grant, a la sazón el presidente de la Asociación de Maestros de Baile, declaraba en el *Central Park Hotel* que el *swing* era la expresión del desenfreno social y desaparecería en la medida en que la estabilidad económica retornara y los jóvenes, principales entusiastas, entraran a la adultez y premiaran el estilismo y la espiritualidad de las danzas como el tango. Señalaba que "la gracia natural utilizada en el buen tango tiene un cierto carácter felino que la hace no sólo hermosa de ver sino de ser practicada", contrariamente a la brusquedad de movimientos y a la excitación que producía el *swing*. Para otros críticos, el *swing* no era un estilo musical en sí mismo como podía ser el tango o la rumba pero, en términos populares, era uno de los modos de bailar más difundidos de aquellos años ("That Ragtime Jubilee" 126). A pesar de esta advocación de los especialistas por retornar a los ritmos más placenteros y conocidos, el *swing* se popularizó en los Estados Unidos, aunque el tango – unido ahora a la rumba – persistía en diferentes lugares.

Como hemos señalado, la radio fue un instrumento muy útil para intentar integrar las diferentes culturas latinoamericanas a un sentido del americanismo, donde Estados Unidos tenía una posición central, manteniendo como argumento sustancial que América como continente era Norteamérica. En septiembre de 1930, ciento cincuenta delegados se reunieron en la Conferencia Panamericana de agricultura y silvicultura, allí tres artistas provenientes de Argentina cantaron canciones populares, incluidos algunos tangos, vestidos con los trajes típicos de las pampas: se trataba de Olga Vargas, Miguel Cáceres y Gregorio Ayala, artistas desconocidos para la escena del entretenimiento de Buenos Aires ("Pan American Conference to be Much Feted" 4).

En 1936, bajo el auspicio de la *Internacional Broadcasting Union*, en la Conferencia Internacional de Radio realizada en París, se designó a la *American Broadcasting System* para encabezar las transmisiones radiales para todos los países que integraban aquella asociación. El 20 de septiembre de 1936 al menos 40 emisoras en el mundo participaron como repetidoras de la primera transmisión global. La CBS y la NBS llevaron a cabo una transmisión única, global, que duró unos treinta minutos y que consistió en la difusión de música característica de los Estados Unidos, allí se incluyeron música negra y *spirituals*. El segundo concierto, se realizó en febrero de 1937 y tuvo como sede de transmisión Buenos Aires, el domingo 21 a las 11 horas AM de los Estados Unidos. El programa incluía la actuación de orquestas y compositores de la Argentina, canciones folklóricas de las pampas y, por supuesto, el infaltable tango con sus instrumentos típicos y sus populares bandas ("Argentine is the Origin of the All World Program" 4). La Argentina fue el centro de todo el programa musical intercontinental trasmitido por la CBS y la NBS. Parte de la política del *buen vecino* era familiarizar a los oyentes norteamericanos con los ritmos latinos. La orquesta sinfónica de Buenos Aires ejecutó ritmos típicos de Argentina, canciones camperas y tangos. Este curioso experimento despertaba el interés por reforzar los vínculos entre las naciones a través del vehículo de comunicación más influyente de la época: la radio. En medio de la expansión panamericanista la radio americana tendría una serie de emisiones internacionales por la paz mundial ("On the Air today"). Como parte de los intercambios amistosos, los oficiales y navegantes argentinos que llegaron a Estados Unidos en 1938, fueron introducidos en la vida social de Washington. Allí los marinos de la Fragata Presidente Sarmiento fueron homenajeados con dos funciones principales: un té y un almuerzo en la *Panamerican Union*, donde la Banda Naval tocó algunos tangos ("Argentina's Officers and Midshipmen Here Are Initiated into Washington's Social life" 2).

La regularidad de las noticias que vinculan la difusión de las danzas latinas y la importancia de una visión panamericanista, bajo el amparo de los Estados Unidos, marcaban la importancia de mantener activas las diferentes expresiones culturales. En 1941 se estableció el Día de la Música Interamericana como parte de las celebraciones de la Semana de la Música Nacional en Estados Unidos. La Unión Panamericana era particularmente importante en la organización de este evento y diversas instituciones representativas de los países latinoamericanos participaron de este evento: la Asociación Turística de México, los consultados de Argentina, Chile, Colombia, México eran algunos de los que habían llevado material o acercado artistas. El programa formal del festejo incluía a un grupo de alumnas de escuelas secundarias que ejecutaron bailes nacionales, una discusión estudiantil acerca del impacto de la música latinoamericana, una grabación de la canción *Mama Eu quero* de

Carmen Miranda, entre otras actividades (Hetrick). En la década de 1940, la OCIIA comenzó a producir una serie de documentos donde no sólo argumentaba políticamente acerca de la importancia de dar una cosmovisión unificada o hemisférica del mundo americano, sino que, además explicitaba, por ejemplo, la necesidad de incluir en los guiones cinematográficos "una escena ocasional, música, personajes o líneas de diálogos, en armonía con el espíritu del argumento" que diera una idea del elemento latino. "Si, por ejemplo, un muchacho latino, o con nombre latino, puede ser incluido en un grupo de soldados luchando en la guerra, esta indicación puede ser de ayuda (...) Estos incidentes menores, insertos en los films norteamericanos, servirían para construir una favorable impresión en las mentes de aquellos que ven nuestras películas en Latinoamérica" (Zagni 77), como había señalado Henry Wallace, Secretario de Agricultura del Gobierno Norteamericano. "Nosotros, los Estados Unidos, necesitamos tener un mejor entendimiento del lenguaje, la música y el arte de los países Latinoamericanos, y quizá ellos también podrían saber más sobre nosotros" (Méndez Pereira 118).

En principio, la industria de Hollywood intentó captar la audiencia sudamericana a través del cine doblado al castellano, pero esto no funcionó en países como Argentina. Como señaló un distribuidor de cine norteamericano "el espectador medio sudamericano sabe tan bien como el norteamericano que Greta Garbo no habla en español. Por lo tanto el público sudamericano le bajó el pulgar a algunas de nuestras mejores producciones". El subtitulado también tenía sus dificultades, ya que no era fácil traducir expresiones coloquiales, de forma que permitiera recuperar los dichos populares, sus modismos y su sentido. El resultado no pudo evitarse: el público argentino demandó films en su propio idioma y las productoras nacionales comenzaron a realizarlos con resultados magros, al comienzo, y de mejor calidad posteriormente.

La producción cinematográfica argentina mejoró sensiblemente hacia 1940, esto hizo que algunas de sus películas fueran exportadas hacia los Estados Unidos; aun cuando la expansión del consumo cinematográfico marcaba una importante proporción de films norteamericanos: el mercado argentino "absorbe por sí solo más de 500 películas al año, de las cuales unas 350 proceden desde los Estados Unidos" ("South American Way. An Account of the New Film Production Now Burgeoning in the Argentine" 3). En términos comparativos, Estados Unidos tenía mejores herramientas para expandirse en el mercado panamericano y sobrepasar a las producciones argentinas. Un informe escrito por Alfred Frantz, reseñaba las principales cifras del cine argentino en la década del cine sonoro y enfatizaba en las cuestiones que Estados Unidos debía tener en cuenta al momento de entrar en el mercado argentino, entendiendo que ambas producciones competían por la misma audiencia. En primera instancia parecía ser que los empresarios argentinos y los norteamericanos tenían diferentes objetivos de expansión, aun cuando el cine argentino se viera en los Estados Unidos, en forma subtitulada, ya sea desde las películas de Gardel hasta las de Libertad Lamarque que se representaban con mucho éxito en el Teatro Hispano de Nueva York. En el caso de Gardel, películas como el *Tango en Broadway*, *El día que me quieras*, *Melodía de Arrabal* o *Cuesta abajo* tuvieron buenos comentarios de la prensa norteamericana. En el caso de la primera, *The New York Times* señalaba que a pesar de tener un argumento sencillo, las actuaciones eran correctas y la película resultaba entretenida tanto para los ojos como los oídos. En este punto, es interesante marcar que en este caso, la trama une a Buenos Aires, donde reside el Tío Indalecio a cargo de Vicente Padula y Nueva York, ciudad donde vive el rebelde sobrino protagonizado por Carlos Gardel. De un modo casi inocente la película mostraba qué cosas podían sucederle al tío cuando estaba bajo los encantos de los cabarets de Broadway. Como una comedia de enredos, la película comenzaba con el cantante interpretando el *foxtrot* "Rubias de New York", y obtuvo una crítica satisfactoria en los diarios norteamericanos ("The Screen" 11).

Aunque no sólo las películas de Gardel fueron proyectadas en los cines del Harlem, también las de Hugo del Carril (*La Canción de los Barrios*, 1941), o de Libertad Lamarque como *Puerta Cerrada* (1940) o *Madreselva*, que reunía a ambos artistas. Respecto de esta última, la prensa norteamericana comentó que "al ver la película es muy fácil comprender porque Libertad Lamarque se ha vuelto tan popular entre el público iberoamericano y también porque Hugo del Carril rápidamente ha llenado el hueco de los afectos ocupados por el lamentablemente fallecido Carlos Gardel" ("Costume Fete Aids" 20). El cronista sostenía que la pareja actuaba y cantaba tan bien que el público podía pasar por alto cierta sensiblería del argumento y deleitarse con el panorama completo del film. En la crítica ponía atención en el nivel de la producción y la técnica señalándola como una de las pocas excepciones donde "la técnica mecánica del film es mejor que la que, usualmente, Argentina usa para rodar sus películas".

La cuestión de la calidad de la producción cinematográfica argentina y los problemas de reproducción fueron analizados por los especialistas norteamericanos una década antes, cuando llamó la atención que los cines locales proyectaran dos películas mudas en el lapso de tiempo que demandaba, en Estados Unidos, proyectar una. Esto se debía a la calidad de los aparatos proyectores en Argentina, que si bien eran importados no provenían de los Estados Unidos sino de Alemania, lo que significaba que no tenían el mismo sistema y calidad que los de la industria norteamericana. Esta dificultad de la aceleración en la proyección llevó al cónsul general de Estados Unidos en Buenos Aires, general George Messermith, a solicitar a los productores norteamericanos que adaptaran sus modelos para hacerlos más atractivos para los exhibidores argentinos, dada la expansión que las salas cinematográficas tenían en Argentina.

Al inicio de la década de 1940, el análisis del modo de funcionamiento de la industria y distribución del cine en Argentina provocaba algunas sorpresas. La primera fue que el modelo de proyección en el cine incluyera entre dos hasta cuatro películas por sesión, y que los filmes fueran ubicados de acuerdo al potencial éxito: más temprano los que podrían ser flojos de audiencia, y en los horarios centrales aquellos que tenían mayores posibilidades de éxito. Estas modalidades causaban sorpresa y gracia entre los críticos norteamericanos quienes sostenían que, un espectador para ir a una sesión de cine debía suspender el almuerzo o la merienda para poder aprovechar la entrada que le permitiría ver al menos tres films. Por otra parte, y en términos más serios, les preocupaban las políticas que eximían del pago de impuestos a aquellas salas cinematográficas que pasaban exclusivamente películas nacionales, aun cuando la tasa aumentaba de acuerdo al porcentaje de películas extranjeras incluidas. La tercera preocupación radicaba en que Argentina contaba con una legislación antimonopolio que constituía un dolor de cabeza para América del Norte. Temían que el gobierno tomara medidas más duras contra la distribución del cine extranjero (Frantz 104).[47]

Durante los años de la Segunda Guerra Mundial, la contracción de los mercados europeos representaba un desafío para Estados Unidos que debía recuperar posiciones frente a otras audiencias de Centro y Sudamérica. En este punto, Argentina representaba una competencia en el mercado latinoamericano, aun cuando la calidad de sus producciones no fuera del mismo nivel. No todo el cine que se produjo en Argentina durante esos años tuvo un sentido local: con el auge del cine sonoro, comenzó a operarse un cambio argumental hacia relatos genéricos o universalistas, sin la necesidad de enfatizar lo originario, sino más bien un sentido metropolitano y mundano en sus argumentos.[48] A pesar del crecimiento de la industria cinematográfica argentina, Estados Unidos se reposicionó a través de un cine netamente panamericanista: grandes producciones que incluían simulados o reales escenarios sudamericanos, con números musicales, cantantes y figuras que denotaban estereotipos locales.[49] Sin dudas, Hollywood se había embarcado en una campaña para atraer a América Latina. La RKO, Twenty Century-Fox, Paramount Picture pensaban sus producciones de una manera sencilla y efectiva: si los latinos no eran diferentes de las otras personas, sin duda lo que movilizaría su sangre caliente eran: la música alegre, los colores brillantes y las chicas hermosas (Crowther, "That

47. Es cierto que los críticos norteamericanos exageraban la cantidad de películas que eran presentadas en cada sesión, decían que algunos cines incluían hasta cinco en continuado.

48. Algunas producciones marcaron un alejamiento de los argumentos que parecían clásicos como "Los tres berretines", y si bien incluían tangos o musicales, las argumentaciones referían más bien a mundos modernos, sin marcaciones de origen. Cf. algunas de las películas de Libertad Lamarque, Nini Marshall, Zully Moreno.

49. Como ha señalado Dorothy Jones, "In March of 1941 at the suggestion of the CIAA, the motion-picture industry formed the Motion Picture Society for the Americas, dedicated to the implementation of the Good Neighbor Policy. The Society, industry-run but financed by CIAA, served as a liaison for the federal agency in Hollywood. It encouraged the production of films concerning Latin-American themes, locales, and characters (...) The Motion Picture Society for the Americas represented the first concerted action on the part of the motion-picture industry as a whole to deal with the problem of the content of films from the standpoint of international markets". En "Hollywood's International Relations", *The Quarterly of Film Radio and Television* 11.4 (Summer, 1957), U. of California Press, 362-374.

Night in Rio"). Estos elementos fueron una constante en las películas de sentido panamericanista. En algunos casos, presentaban como protagonistas a norteamericanos o sujetos "americanizados" en el marco de escenarios latinos. Por ejemplo, en *They Met in Argentina*, donde el texano Tim Kelly insistía en adquirir un buen caballo del Stud de la familia de Lolita, o *Down Argentine Way*, donde la chica norteamericana, Betty Grable, se enamoraba de un gaucho, Don Ameche, sin más conflictos ni trama que el lucimiento de los escenarios de Buenos Aires: el hipódromo, parques, plazas, etc., incluyendo varios números musicales con muy pocas referencias a la cultura que se pretendía representar. Allí, Carmen Miranda interpretó por primera vez "South American Way", que se impuso entre la audiencia desde su primera línea: "Ai, ai, ai, ai É o canto do pregoneiro". En los periódicos, la película era presentada como una producción espectacular: durante los diez meses de filmación se había cubierto aproximadamente 35.000 millas por avión, tren y automóvil, un equipo especial había sido enviado a Buenos Aires para filmar todos los exteriores, usando unos 20.000 pies de film en *technicolor*. Otro equipo de filmación había ocupado cinco semanas en fotografiar a Carmen Miranda, quien interpretaba entre otros temas el famoso "Mama eu quero" (*Herald Journal* 17 de noviembre de 1940).[50] Sin embargo, esta película que, para *The New York Times,* prometía hacer las delicias del público de Río de Janeiro y Buenos Aires gracias a la presencia de la bella Betty Grable, con méritos suficientes como para ser "reconocida como ministra plenipotenciaria en las tierras latinoamericanas" (Crowther, "Screen: Down Argentine Way"), terminó siendo un fiasco desde el punto de vista argumental y político. Al ser exportada a Buenos Aires, el gobierno argentino impidió su proyección dada la falta de conocimiento que se tenía acerca de la cultura y las costumbres argentinas. En el reporte de la embajada norteamericana en Buenos Aires, se explicaban las incoherencias culturales representadas:

> "Carmen Miranda, una estrella brasileña, canta en portugués una rumba al estilo de Tin Pan Alley, que habla de tangos y rumbas,

---

50. El periódico señalaba que Carmen Miranda contaba con la distinción de ser la única estrella, de aquellos años, que aparecía en pantalla sin haber puesto un pie en Hollywood. Esto se debía a que los compromisos que la estrella tenía en Nueva York le impedían viajar hasta la capital de la industria cinematográfica.

ejecutada bajo la luna de las pampas (...) Henry Stephenson repre-
senta un rico propietario de caballos de carreras con un dialecto
atroz (...) Don Ameche hace una rumba en español con castañuelas y habla de orquídeas, tan raras en Argentina como en Nueva
York (...) Cuando Betty Grable y Don Ameche llegan al aeropuerto
de Buenos Aires son recibidos por unos señores de tonta apariencia descriptos como distribuidores de los productos de su padre,
una reflexión definitiva sobre los distribuidores de productos de
los Estados Unidos aquí (...) *The Nicholas Brothers* bailan *Tap*
(...) y hay que añadir que en la Argentina (tienen) la impresión de
que los yanquis creen que son indios o africanos (...) En opinión
de los argentinos, todos los que interpretan a un argentino (en la
película), desde el primero hasta el último, se muestran escandalosamente ridículos" (Freire-Medeiros 56).

En el mismo mes, RKO estrenaba *Argentine Nights*, como parte de
una serie de películas musicales que tenían como escenario diferentes lugares de América Latina. En este caso, se trataba de un débil
argumento donde una *troupe* de artistas y bailarinas, gerenciada
por los hermanos Ritz, se declaraba en quiebra y se veía obligada
a ir de un estado a otro escapándose de los acreedores. La película
combinaba un argumento romántico, una de las integrantes de la
troupe se enamoraba de un gaucho interpretado por George Ree-
ves, con una serie de números musicales que incluían congas, boo-
gies, y canciones románticas. *The New York Times* informaba que
aun cuando esto fuera parte de una política para ganar amigos en
los países del sur, "lamentamos tener que informar que es un em-
bajador de buena voluntad muy dudosa. La película tiene un par de
vueltas de cómic y un par de melodías animadas ("Brooklynonga"
y "Hit the Road"), pero la mayor parte de los gags son cursis, las
rutinas son, por decir lo menos, aburridas y las actuaciones no
tienen gracia" (Crowther, "The Screen in Review" D7). La reacción
del gobierno argentino no se hizo esperar respecto del contenido y
la forma en que se mostraba la cultura y los estereotipos sociales del
país, un crítico del diario *La Nación* escribía: "mientras Hollywood
insista en ver a la Argentina como un país tropical, increíblemente
ridículo, ningún entendimiento panamericano es posible, no im-
porta cuántos viajeros de buena voluntad envíe" (Falicov 247). Por
su parte, *The Pittsburgh Press* del 9 de mayo de 1940 comentaba
las reacciones negativas que la proyección había tenido en Buenos
Aires. En su artículo titulado "Not Good Neighborly" recomendaba
que, si la industria cinematográfica norteamericana quería contri-

buir a mejorar las relaciones con América Latina, necesitaban el asesoramiento cultural para hacerlas, ya que "enviándoles películas que delatan ignorancia acerca de sus modos – e incluso de su geografía – e indiferencia de sus sentimientos es un método pobre para intentar hacer amigos".

A pesar de esta advertencia de sentido común, y aun cuando en algunos países como Argentina hubiera una fuerte resistencia a consumir estas producciones, para el mercado norteamericano esta americanización de Latinoamérica resultó exitosa.[51] En algunos casos, como *That Night in Rio* tuvo una enorme repercusión en la prensa y en la taquilla de los cines, remarcándose la espectacularidad de los cuadros musicales. El producto era una mezcla de ritmos, argumentos poco sólidos más música y baile, que parecía ser lo que el consumidor medio deseaba, en un mercado con gran variedad de opciones. Los estereotipos latinos estaban planteados, algunos artistas los aceptaban y sacaban provecho de eso, como el caso de Carmen Miranda; otros se resistían e intentaban salir de esa estructuración. En aquellos años, el actor en ascenso, Anthony Quinn, deseaba recuperar su latinidad escribiendo un guión cinematográfico, que había comprado *Twenty Century Fox* por la suma de 15.000 dólares. En una entrevista, expresaba su preocupación por que sólo hacía roles de villano y en México – país donde había nacido – le guardaban cierto rencor por tener siempre los papeles más impopulares. Lo que él deseaba era que "alguna vez, un mexicano sea un héroe (...) sólo de vez en cuando, creo que es bastante justo", por esta razón escribió el guión donde tendría el rol protagónico. Lo curioso de su presentación es que había decidido contar una historia sobre el tango, ya que en su opinión era "originalmente una danza lasciva bailada en prostíbulos de la Argentina y se hizo respetable cuando Vernon e Irene Castle lo bailaron". La idea principal de su película giraba en torno a dos hermanos en Argentina y cómo el tango había modificado sus vidas. El reparto, además del propio Quinn, contenía dos estrellas *americanizadas* infalibles: César Romero, como su hermano, y Carmen Miranda en el rol protagónico femenino. Lamentablemente la película nunca se hizo. Anthony Quinn no pudo demostrar que además de actuar podía ser

---

51. En el caso del gobierno de El Salvador había rechazado la película "Miss América Central" porque confundía a la capital del país con una isla del caribe.

guionista, y la fórmula arrolladora de un triángulo amoroso entre
dos hermanos y *la bomba brasilera* unidos por el tango, jamás se
interpretó (*Pittsburg Post Gazette* 15 de junio de 1942). La elección de Carmen Miranda para el protagónico femenino funcionaba
perfectamente, ya que era la mejor representante del *Panamerican
Way*. Si bien en Argentina era conocida desde el comienzo de los
años treinta, su viaje a Nueva York en 1939, fue muy comentado en
la prensa de Buenos Aires como en muchas revistas del continente.
En varios aspectos representó el modelo cultural que se diseñaba
hacia finales de la década. La hibridación de las culturas, la bella
figura que combinaba elegancia con elementos exóticos, su impli-
cación con la naturaleza (la abundancia de frutas y bananas en los
tocados de su cabeza), se expresaban en esta artista que compren-
dió cómo realizar el proceso de exportación de sí misma y su representación cultural. En la gran pantalla, Carmen Miranda representó a toda América del Sur, una mujer de belleza exótica, rítmica y
desestructurada; mientras el tango debía *aggiornarse* a las nuevas
demandas del público norteamericano.

En 1937, Carmen Miranda grababa una canción destinada al
público argentino: "O samba e o tango", de Arnaldo Regis, donde
pasaba de un ritmo de samba brasilero hacia un tango. La letra,
que comenzaba con la frase "Llegó la hora, llegó, llegó", componía
el sentido de la heterogeneidad cultural al poner en los dichos de la
"muchacha del Plata", las diferencias con respecto a Brasil. Probablemente la referencia a las diferencias culturales tenía como centro
la idea de que el argentino era más formal y estructurado, mientras
el brasilero era más directo y simple en sus observaciones. La muchacha porteña decía "Hombre, yo no sé por qué te quiero y te tengo
amor sincero", mientras que la mulata simplemente decía "te quiero", naturalmente. La muchacha argentina hablaba en castellano
decente mientras que la brasilera *fandango*. La letra concluía con
una referencia a los ritmos: el tango más variado y complejo, y el
samba popular, simple, de origen africano, típico de Río de Janeiro.[52] Esa especie de formalidad señalada en el texto de la canción
fue descripta por otros observadores que captaron el rasgo serio y

---

52. Esta interpretación me fue sugerida por el profesor Mauro Mendes Braga.
UFMG. El mismo señalaba la curiosa interpretación de Regis quien pareciera ig-
norar los orígenes de bajo fondo del tango rioplatense.

solemne de los porteños. Una crónica de 1936, relataba la seriedad con que el porteño se tomaba el placer de bailar: "Baila el tango con una cara seria y con una sombría determinación que nunca se vio en otras danzas en el mundo" (J. White SM8). El ex vicecónsul norteamericano en Buenos Aires, John W. White, describía a la ciudad como la más triste del mundo, a su juicio no había un cabaret más apesadumbrado que el de Buenos Aires. Los porteños eran sujetos duros, orgullosos y arrogantes, una especie difícil de comprender: no habían heredado ni la alegría de los italianos, ni sabían reproducir el disfrute parisino. ¿Cómo explicar que una danza como el tango no pudiera disfrutarse alegremente como se lo hacía en otras ciudades modernas?

Es posible que la sensibilidad del tango en su versión original haya sido el secreto mejor guardado: esa mezcla de melancolía, romanticismo e ironía que podía apreciarse en su poética y en su música. Algunos tangos emblemáticos se compusieron durante los años treinta: "Muñeca Brava" (1929), "Yira, Yira" (1930), "Anclao en París" (1931), "Corrientes y Esmeralda" (1933), "Madame Ivonne" (1933), "Cambalache" (1934), "Nostalgias" (1936), "Niebla del Riachuelo" (1937), o las milongas de Homero Manzi como "Milonga del 900" y "Milonga Sentimental". La producción poética de esta década y la siguiente fue impresionante. La creatividad para reflejar situaciones (reales o imaginarias), imaginar el pasado, reflexionar acerca de los sentimientos, los contextos y los personajes de la ciudad, dieron una especificidad al tango. No se trataba sólo de música para bailar, y en todo caso esa música adquiría nuevos sentidos a la luz de sus letras, quizás allí radicaba el secreto de esa inexplicable tristeza o melancolía: era una música para sentir.

En los escenarios norteamericanos de la Segunda Guerra Mundial, el tango continuaba pero con modificaciones de sentido fundamentales al momento de comprender su historia. Estaba claro, para ese entonces, que era sólo música y baile. El tango canción no tuvo lugar en la órbita del entretenimiento norteamericano. Lo que se conoció de sentido local fue por medio de las grabaciones y de las orquestas que actuaron animando las noches de los *night clubs*, que demandaban orquestaciones. La persistencia del tango estuvo acompañada por un cambio estructural: lo que se bailaba era ejecutado por bandas como la de Xavier Cugat, director de orquesta de ritmos caribeños y centroamericanos quien se presentaba en el *Ambassador Coconut Grove* con su *Cuban Tango Band* en 1931, posteriormente sería presentado como el Rey del Tango-Rhumba, actuando con su orquesta multirítmica ("News of the Cafee"). A finales de la década de 1930, apareció una especie de *locura* por la rumba y la reinvención del tango ocurrió en un contexto en donde los *night clubs* de Nueva York mostraron signos de recuperación, dando lugar a nuevas sonoridades latinas.

El nuevo circuito del consumo del tango-danza se dio como parte de la exploración de los fenómenos hispanos o latinoamericanos, sin una comprensión de sus raíces culturales. Había que representar a América Latina en su cultura y mostrarla a través de un amplio abanico de expresiones. El tango, como otras músicas latinoamericanas, fue vaciado de contenido específico e incluido en un mismo formato. Las diferencias musicales fueron abolidas en los escenarios norteamericanos.

Ante la necesidad de definir un producto cultural que representara a la "otra América", su significado fue prácticamente omitido y reinventado en la actuación de las grandes orquestas de las estaciones de radio, de las productoras cinematográficas o las reconocidas orquestas de *jazz*, *shimmy* y *boggie* que adaptaron su ritmo y sonido a los múltiples instrumentos orquestales construyendo un nuevo producto que diluía toda especificidad cultural. Algo parecido sucedió con la enseñanza del baile, el tango aparecía junto a la conga, la rumba y el merengue. Podemos decir que, frente al auge de estos ritmos, el baile porteño permanecía como una danza del pasado, tenía las cualidades de ser lento y apacible, pero ante el mundo en guerra, se estimaba que su melancolía no era lo más saludable para la gran audiencia. Para ser parte de los circuitos de diversión norteamericanos de los años cuarenta, caracterizados por el brillo, la espectacularidad de enormes escenarios y las pantallas tecnicolor, aquel *"sentimiento triste que se baila"*, según las palabras de Enrique Santos Discépolo, se diluía en la ausencia de guitarras y bandoneones, en conjuntos musicales poblados de los alegres sonidos de congas, timbales, clarinetes y trompetas.

Epílogo

El fenómeno del tango y su expansión internacional nos remite a diversos contextos, sentidos, y mecanismos de incorporación cultural. Al revisar los trayectos de su difusión llegamos a lugares diferentes que el clásico escenario de París. Las principales ciudades norteamericanas fueron ámbitos destacados en los que se hizo notar. Sin embargo, no fueron los únicos.

Países tan diferentes de Argentina, como por ejemplo Nueva Zelanda o Australia, se vieron envueltos en la locura del tango-baile durante las primeras tres décadas del siglo XX. Lo mismo ocurría en la Unión Soviética de Stalin, sólo que en la década del treinta eran los norteamericanos quienes criticaban las resistencias que la sociedad soviética ponía a la moda del tango. En 1927, *The New York Times* reflexionaba sobre el hecho de que los soviéticos hubieran inventado unas *danzas proletarias* para evitar la difusión del tango, el *foxtrot* y otros bailes modernos. El rechazo a estos ritmos parecía basarse en su origen occidental como expresión de cierta liberalidad, aunque el *charleston* era preferido en las exhibiciones soviéticas. En 1935, criticaban la opinión de los soviéticos que veían a estos ritmos como enemigos insidiosos del régimen bolchevique. Lo que principalmente asustaba a la Unión Soviética eran "los elementos extraños y criminales que han penetrado en los cursos de danza y llevan la corrupción entre los trabajadores y los jóvenes estudiantes" ("Rumba and Foxtrot Held to Be Foes of Soviet Youth" 19).

Cuando a finales de los años treinta, el tango era moda en la Rusia de Stalin, *The Washington Post* suponía que se volvería un hobby nacional (Gury TS10). Parecía ser que, comparados con otros países europeos, los rusos estaban un poco atrasados en las modas bailables, aunque las nuevas danzas se incorporaban rápidamente a la vida social. Desde lugares tan distantes y extraños como Moscú llegaban las muestras de adhesión al tango. Para Francisco Canaro, Rusia no era el mercado económico más conveniente pero constituía una posibilidad novedosa para dar difusión a la música porteña. Como señalaba "El pueblo ruso, tomando en cuenta el carácter y sabor de su música, tiene que "sentir" realmente nuestro tango (...) por lo visto ya baila y rinde culto a nuestra danza popular ciudadana".[53]

Las referencias que la prensa norteamericana hacía sobre el rechazo del tango en la URSS, no obedecían a razones culturales sino políticas. Estados Unidos parecía olvidar sus propias polémicas de los años veinte, y se abocaba a criticar a los comunistas por su manifiesta desconfianza hacia las expresiones modernas que provenían de Occidente. Una situación similar ocurría con las críticas hacia Alemania. En 1932, los alemanes celebraron que el maestro Ernst Lothar von Knorr presentaba en Berlín una obra musical que incluyó tangos y *foxtrot;* un año después ocurrió un cambio drástico: en la reunión de los instructores de danzas se decidió la proscripción de los bailes populares no germanos, por lo cual el tango y el *foxtrot* fueron prohibidos para ser exhibidos en escenarios públicos. La crítica estadounidense a ambos países era comprensible dada la situación mundial: se rechazaba la política cultural de los regímenes totalitarios, a la par que Estados Unidos intensificaba su acercamiento a Latinoamérica, como parte de una estrategia de alianzas.

Pero no todas eran críticas, algunas novedades fueron sorprendentes, como el hecho de que el duque de Kent hubiera escrito un tango. El príncipe Jorge era conocido por su estilo de vida libertino, su pasión por el arte y la música (era un excelente ejecutante de piano, violín y banjo), su gusto por las fiestas y algunos excesos, la revelación sobre su composición tanguera deleitó al ámbito íntimo de sus amistades ("Here and There").

Al comenzar la Segunda Guerra Mundial, en los lugares bailables en Estados Unidos se oían múltiples ritmos y sonidos: el danzón cubano, el mambo, la rumba, el *shimmy*, el *swing*, y el tango. Para Bosley Crowther, la moda de la rumba parecía replicar al

---

53. En 1947, Francisco Canaro recibía la inesperada visita de representantes japoneses que le pagaron sus derechos de autor y le entregaron las grabaciones y partituras de algunos de sus principales tangos escritos en japonés. "Causaba de verdad, gracia escuchar "Sentimiento gaucho, en un idioma desconocido, para la gran mayoría".

tango de los años previos a la Primera Guerra: era uno de los bailes traídos desde el exterior, que mezclaba sonidos populares. Como el tango, no era fácil de bailar, aun cuando lo pareciera a primera vista; y no tenía posibilidades de volverse universal como el vals o el *foxtrot*. Sin embargo, como sucedió con el tango, fácilmente se convirtió el ritmo favorito de las pistas de baile.

Durante el período analizado, la danza porteña se impuso en los grandes escenarios de las capitales europeas y en las principales ciudades norteamericanas. La locura que giró a su alrededor en las primeras décadas del siglo XX se fue, lentamente, apagando aun cuando su permanencia fue evidente. El tango tuvo recreaciones e interpretaciones de las más diversas pero su presencia *estelar* se opacó colocándose en un rol periférico en la década de 1930, cuando Cordell Hull señaló que unificar los lazos culturales era una tarea urgente, reinventándolo a la luz de las necesidades del panamericanismo (*New York Times* 15 de abril de 1934).

Si observamos la escena musical norteamericana, el tango persistió mientras un nuevo ritmo surgía con fuerza desde las profundidades de la Norteamérica negra: el *jazz*. Esta música despuntó en los ámbitos musicales y bailables en los años veinte, y fue el nuevo producto de exportación de Estados Unidos hacia el mundo. En primer lugar hacia Europa, a la ciudad de París que lo adoptó con rápida pasión, y posteriormente a otras ciudades extranjeras como por ejemplo Buenos Aires. El *jazz* no se presentó solo sino en una mezcla de ritmos sincopados como el *foxtrot* y el *swing* que invadieron los salones bailables, con su novedosa pulsación, sus movimientos libres, breves y sus miles de variaciones rítmicas. Como había sucedido con el tango, los periódicos norteamericanos buscaron un origen, en algunos casos intentaron blanquear su raíz negra y en otros hibridaron sus raíces. Era conocida la hipótesis de que existían dos tipos de *jazz*: el oriundo del África, que había llegado a Cuba y también al sur de los Estados Unidos, y el que se ejecutaba en China, denominado *siamés*, que no se había occidentalizado. Muchos críticos intentaron aclarar que la *jazz band* era un grupo de músicos respetables que gozaban de una enorme habilidad musical para lograr los ritmos y maravillosas armonías musicales, aunque algunos vieron las actuaciones como "un grupo de hombres dementes, contoneándose con sus instrumentos como un bailarín que sufre el mal de San Vito". Otros, simplemente veían el *jazz* el espíritu del buen humor y la alegría necesaria para los Estados Unidos en los años veinte.[54]

La novedad llegó hasta Buenos Aires y los porteños se deleitaron con el *ragtime* y el *jazz*, que tenía un origen negro, de exclusión y pobreza, similar al tango, aunque en muchos escenarios era tocado por orquestas de músicos blancos. En Buenos Aires, una de las orquestas más admiradas era la de Paul Whiteman, constituida por 23 músicos que sabían representar con soltura los ritmos negros, prolijos músicos lejanos a la locura que solía despertar en los ámbitos genuinos: "sólo los ignorantes pueden imaginar que la *jazz* band es una falange de demonios ruidoso que no ambicionan otra cosa que desencadenar un estrépito infernal" ("Whiteman fue en sus orígenes un músico clasicista"). Paul Whiteman era uno de los *jazz*istas más destacados en París, Londres y en Estados Unidos, conocido en Europa como el "Rey del *jazz*". Con una verdadera orquesta "sinfónica" de músicos blancos que combinaba la danza sincopada, las melodías y generaba una banda amplia de posibilidades orquestales y sets que diluían el fruto de la improvisación.

El *jazz* era, según sus adeptos, una muestra de la marcha del progreso; representaba entusiasmo y vida: era el signo de la época que mostraba el espíritu de la alegría y de disfrute. En 1920, Bebe Daniels – actriz, compositora y bailarina – sostenía que el *jazz* era parte de la vida de los Estados Unidos, porque representaba la libertad, el ímpetu y la fascinación de la época: "Intentar legislarlo es locura tan grande como querer hacer leyes contra las nuevas tendencias femeninas de primavera o prescribir el corte actual de los trajes de hombres" ("La Locura de la *Jazz* Band").[55] Wallace Reid, un fervoroso admirador del *jazz* considerado por algunos como "el rey del baile" del *jazz*, decía que excomulgar al *jazz* es evitar la marcha del progreso.

El revés de la trama de la exportación tanguera fue el arribo del *jazz* al Río de la Plata. Quizá la contradicción interesante que se expresó en aquellos años fue el temor que despertó en los músicos locales: temían que el éxito de las *jazz bands* desplazara a las orquestas típicas y características de los principales escenarios musicales. En febrero de 1935 se conoció en Estados Unidos

---

54. Cf. *Cayton's Monthly*, 01 de febrero de 1921.

55. Bebe Daniels fue una de las flappers más conocidas de los Estados Unidos.

la noticia de que la Unión de Músicos Argentinos realizó un pedido al gobierno para prohibir la difusión de las *jazz bands*, alegando que las orquestas norteamericanas contratadas por las emisoras de radios desplazaban a las nacionales de los horarios centrales de la programación. Los músicos argentinos instaban al gobierno a que tomara medidas similares a las de otros países como Gran Bretaña, Francia, Uruguay y Alemania: no permitir la competencia entre los músicos locales y los extranjeros. A pesar de intentar generalizar la petición, era claro que la competencia de las orquestas criollas y típicas eran las *jazz bands* norteamericanas. Uno de los principales impulsores de esta petición fue Francisco Canaro. El músico denunciaba el "proteccionismo exagerado" del gobierno de Francia hacia las orquestas extranjeras, que sólo permitía un 10% de músicos extranjeros en las actuaciones en aquel país, además de exigir una libreta de trabajo para poder presentarse en los shows nocturnos. El resultado, en opinión del músico, era que las orquestas europeas componían y ejecutaban tangos, lo que implicaba un descenso de la calidad musical y la precarización del trabajo para los músicos argentinos. Si Europa les cerraba las puertas al tango, como parecía interpretar Canaro, entonces Argentina debía actuar en el mismo sentido.

Esta discusión se daba en un período dónde los músicos, autores y compositores se organizaban corporativamente para poder efectivizar el cobro de derechos de autor por la reproducción de sus obras, a la par que intentaban mayor control sobre la presencia de los músicos extranjeros en los escenarios argentinos. En este sentido, el auge del *jazz* en Buenos Aires los ponía en una situación complicada ya que muchos de ellos eran corridos de los horarios radiofónicos centrales para colocar "música extranjera". En este aspecto, la cuestión creaba un supuesto enfrentamiento entre tango y *jazz*. Desde el punto de vista de Canaro, no era necesario importar músicos ya que las orquestas típicas podían ampliarse con un set *jazzístico* y ejecutar ambos ritmos (como el mismo lo había hecho durante la década del '20). En su opinión la relación entre *jazz* y tango era favorable a la Argentina porque "todos los extranjeros que han intentado hacer tangos no han hecho más que composiciones hibridas y desnaturalizadas", mientras los músicos locales tenían una doble capacidad: por un lado sabían adaptarse a todos los temperamentos y modalidades musicales, de forma tal que podían ejecutar tangos, *foxtrot* y *jazz*. Esto se debía a que los músicos argentinos – en su opinión – eran verdaderos profesionales mientras que los extranjeros eran más limitados en sus facultades.[56] La segunda capacidad era la "naturalización" del tango: "sólo el temperamento nuestro es capaz de crear y sentir el tango en expresiones propias y su sensibilidad en forma originaria" ("Los Reyes del Tango: Canaro"). El tango se llevaba en la sangre y por tanto no podía ser manchado por el *jazz*. La música norteamericana estaba en su mejor momento y podía, incluso, eclipsar la presencia del tango, pero difícilmente pudiera desterrarlo.[57]

El reflejo de las opiniones de Canaro fue que, efectivamente, la prensa se hizo eco de una supuesta debilidad del tango y su eclipse en el mundo. Algunos artistas no se preocupaban por la visibilidad del *jazz* en los escenarios porteños, tal fue el caso de Juan de Dios Filiberto, quien no temía una invasión de música extranjera. Desde su perspectiva, estos argumentos eran una forma de cambiar el eje del problema: en la música popular lo importante era la formación y superación de los creadores en el tango. Para Francisco Lomuto, el problema se definía de otro modo: el *jazz* era la música de otro pueblo, agradable y rítmica pero debía ser vista como una visita en el panorama musical argentino. Sopesando dos elementos (música y emoción) y comparándolos no tenía dudas: el tango era superior al *jazz*, el *foxtrot* y cualquier otro ritmo norteamericano. El músico, que todavía no había conocido los escenarios norteamericanos, creía que en materia de composición, el *jazz* no estaba a la altura del tango y tampoco en el sentimiento: "el tango interpretado por la *jazz*-band resulta frío, sin vida" ("Los Reyes del Tango").

Por su parte, Osvaldo Fresedo, tenía una opinión más equilibrada, quizá porque había tenido una experiencia importante en los Estados Unidos con resultados regulares, sostenía que el *jazz* estaba adelantado respecto a la música porteña porque su armonización e instrumentación lograron resultados destacados en lo musical y en la composición. En su opinión, el tango no estaba en riesgo. En los Estados Unidos seguía bailándose con una forma melódica y

---

56. En este sentido, aquello que para Benny Goodman era la expresión del sentir del *jazz* (que sus músicos de orquesta no sabían leer música) era para Canaro el signo de debilidad.

57. Expresión que utiliza Canaro en una entrevista en *Caras y Caretas*. Nro. 1901 9 de marzo de 1935

romántica en los salones a media luz. Para Fresedo, la música no tenía fronteras por esa razón se enorgullecía de tocar tangos, *foxtrots*, rumbas, *maxixes*, etc ("Los Reyes del Tango: Fresedo").

En el extremo *jazz*ístico se ubicaban las voces de quienes, desde fines de los años veinte, llevaron a cabo experiencias en la ciudad de Buenos Aires como Eduardo Armani, Rudy Ayala, los Dixie Pals y algunos tangueros modernos como De Caro y Edgardo Donato. En este sentido, es interesante el hecho de que el éxito del *jazz* en Buenos Aires no sólo tenía relación con el baile: la imagen en espejo de cómo el tango se había esparcido por Europa y Norteamérica, sino que muchos músicos que formaban parte de orquestas típicas comenzaron a "aprender a hacer *jazz*". El acercamiento a este aprendizaje fue a partir de las grabaciones de los discos. Para Armani, que había formado parte de una orquesta de tangos, la reivindicación del *jazz* tenía relación con su origen popular que encerraba "la fuerza y empuje de una raza fuerte y sana (la negra) con el más intenso y sagrado de los deseos humanos: la liberación e igualdad" ("Tango Vs *Jazz*: Eduardo Armani"). En sentidos similares se pronunciaban Raúl Sánchez Reynoso y Rudy Ayala. Este último consideraba al tango en "estado infantil" respecto de los adelantos en armonías, instrumentos y ritmos de las *jazz*-bands norteamericanas. El director de una de las orquestas locales más importantes (la Dixie Pals) sostenía que no existía la lucha entre el tango y el *jazz*. Este absurdo, sostenido por algunos nacionalistas, borraba el hecho de que el tango había sido exitoso en el extranjero y lo seguía siendo en los países latinoamericanos, y sin embargo, nadie en el mundo vio en él una amenaza a la calidad musical de los ritmos locales ("Tango Vs *Jazz*: Dixie Pals").

¿Qué llevó a algunos músicos argentinos a aliarse para detener el impacto del *jazz* en el país? ¿Es que acaso no recordaban las exitosas experiencias del tango en el extranjero? ¿Qué elementos aparecieron en la década del treinta que provocaron el rechazo hacia otros ritmos extranjeros, teniendo en cuenta que Argentina era un país construido por inmigrantes? En primer lugar, los comentarios de *La Canción Moderna*, nos muestran que muchos de los autores y artistas clásicos del tango tenían fuertes sospechas acerca del futuro del tango en relación con la música norteamericana, y por ende rechazaban la divulgación de esta última. En segundo lugar, en 1936 se fundó la institución que representaba los intereses de los músicos y autores argentinos que permitía un control sobre los resultados económicos por los derechos de autor y reproducción, por ende muchos artistas promovían la difusión de la música nativa para lograr mayores derechos por derechos de reproducción.[58] Una tercera variable en el entendimiento de este rechazo estaría en el contexto político de la Argentina de los años treinta, que implican una difusión de las ideas nacionalistas y una restauración de las relaciones políticas. En tal sentido, la invasión del mundo urbano con música proveniente de los Estados Unidos no siempre se tomaba como una novedad que hacía más heterogéneo al mercado, sino fue interpretada como un intento norteamericano de poner bajo su órbita a la cultura popular porteña. El problema con el *jazz* no residía sólo en su difusión por los medios de comunicación masiva sino en que los músicos nacionales traicionaran al clásico tango, o al más tradicional folklore – poco exitoso en los escenarios de entretenimiento urbano – para pasarse al *jazz*. La descalificación de la música norteamericana, la intolerancia por el gusto popular hacia ella, eran argumentos que parecían lograr el propósito de frenar su auge.

La audiencia no estuvo ausente de la polémica y se expresaba en las cartas publicadas en las principales revistas de entretenimiento. En la revista *Caras y Caretas* del 16 de junio de 1932, algunos lectores defendían rabiosamente el *jazz* contra aquellos que lo consideraban "carente de melodía y de variedad". Un lector invitaba a aquellos que tenían esta opinión sobre la música norteamericana a escuchar "uno de tantos blues ejecutados por una buena orquesta". Los que todavía se resistían al *jazz* sólo debían evitar cambiar el dial y escuchar alguna de las tantas buenas actuaciones que tenían lugar en las emisoras de radio. Finalmente los más refractarios se darían cuenta que sólo los tangos "por sus voces y emotividad, o por sus letras, son las verdaderas enciclopedias de bajo fondo, ofenden todo sentimiento de buen gusto".

Algunos de los músicos de *jazz* se enardecían en su defensa, lo consideraban ampliamente superior al tango (el tango en su etapa infantil, según Rudy Ayala) o falto de atrevimiento, segun Adolfo Ortiz. Otros, como Edgardo Donato, tenían opiniones más equili-

---

58. La ley 11.723 conjuntamente con SADAIC generaron un circuito que funcionó de modo efectivo: la radicación de las obras en la Oficina de Derechos de Autor, su edición en las casas editoriales prestigiosas y la afiliación a SADAIC creaban una red de contención para los autores; ver Matallana (152).

bradas, reconociéndole al *jazz* características muy notables; en los *foxtrots*, con melodías inspiradas e instrumentaciones admirables" ("Tango Vs *Jazz*: Rudy Ayala"). La repulsión ante la *jazz band* no era un fenómeno exclusivamente porteño, esta música portadora de sonidos cosmopolitas, desorganizados y vibrantes hacían que un crítico francés, Frejaville, la considerara una prueba de todas las estupideces humanas. Los sonidos del *jazz* emborrachaban a los oyentes a tal punto que ensombrecían las viejas glorias del *music hall* francés.

Mientras en Buenos Aires ambos ritmos pretendían competir y excluirse, en los salones de entretenimiento de Francia convivían todas las músicas exóticas y los entretenimientos extranjeros en el mismo espectáculo de *music hall*. Estos reproducían un carácter internacional donde *polkas*, tangos, folclore ruso, *jazz* y otras canciones populares norteamericanas podían ser disfrutados. Como señalaba Jules Bertaut. "Cada temporada, los empresarios revisan la tierra, sacuden la fantasía y producen más y más suntuosos espectáculos, colosales elencos, trajes deslumbrantes y sensaciones originales" (Jackson). La multiplicidad de ritmos en la escena del entrenamiento francés lejos de empobrecer el espectáculo lo enriquecía y generaba nuevas condiciones de competencia y pervivencia. Sin embargo, en Buenos Aires el auge de *jazz* y el encendido temor de perder la fuente original de la canción porteña creaban una atmósfera enraizada donde parecía imposible llevar una convivencia.

La llegada de la Segunda Guerra Mundial apartó al tango de los escenarios musicales norteamericanos. La melancolía de su música estaba muy lejos de ser apropiada al contexto o quizás simplemente había pasado de moda. En las décadas siguientes se ausentó de los escenarios foráneos y se concentró en Buenos Aires, en un contexto que políticamente le sería adverso, ya que la década del gobierno peronista impulsaría la canción popular folklórica y limitaría el tango y los ritmos foráneos en las emisoras radiales. Curiosamente, a pesar de estas políticas estatales, el tango vivió en la década del cuarenta una etapa dorada en el desarrollo y sutil sonoridad de las grandes orquestas.

En los Estados Unidos, la siguiente manía que invadió los ámbitos sociales y que generaría un corte abrupto con los ritmos jazzísticos, los *crooners* y, eventualmente, la música intima, irrumpió en la escena norteamericana en los años cincuenta. Se trató de una mezcla de raíces negras y locuras blancas: el *rock and roll* con Elvis Presley, Bill Halley and his Comets, Jerry Lee Lewis y algunos músicos de color como Chuck Berry y Little Richard, entre otros. Como el eterno retorno musical, el rock interpeló las costumbres de las familias de clase media, cambió los hábitos de los jóvenes y representó su rebeldía a través de una danza escandalosamente movediza que impondría nuevos criterios del gusto y la moda (Gould, "TV: New Phenomenon; Elvis Presley Rises to Fame as Vocalist Who Is Virtuoso of Hootchy-Kootchy" 67). Como había sucedido en otros tiempos, la prosperidad de los Estados Unidos de la segunda posguerra fue acompañada por profundas transformaciones en el ámbito doméstico, el consumo, las normas sociales, las modas y la tecnología, en ese nuevo contexto nuevo ritmos emergieron sacudiendo a la sociedad tradicional.

AGRADECIMIENTOS

Este libro es el corolario de una investigación que me llevó varios años y tuvo como objeto central el tango y los consumos culturales durante 1900 a 1940. Fue realizado en el ámbito del departamento de Historia de la Universidad Torcuato Di Tella, donde colegas y amigos intervinieron de formas diversas en su elaboración. El proyecto contó con financiamiento de la Agencia de Ciencia y Tecnología de la Nación a partir de un subsidio PICT, lo que facilitó la búsqueda de datos y la escritura final.

El balance de este trabajo deja como consecuencia el agradecimiento a aquellos compañeros de este proceso.

El trío más mentado de la calle Miñones: Ezequiel Gallo, Pablo Gerchunoff y Fernando Rocchi, fuentes de consulta permanente.

Laura Ivanier me dio la posibilidad de contar con el tiempo para la escritura.

He recibido la ayuda de alumnos, asistentes y personal de la Universidad que hicieron más liviano el trabajo de compilación: Esteban Aranda, Javier Hasse, Damián Dolcera, y Alejandra Plaza, Directora de la Biblioteca de la UTDT. La corrección del grueso de las traducciones de diarios norteamericanos estuvo a cargo de Marcia Magnetto quien hizo una labor excelente. Otra parte, fundamentalmente los diarios británicos, fue realizada por Maria Laura Codevilla.

Finalmente, pero no menos importante, fue la contribución de Alejandro Gómez, quien me sugirió datos, ideas, textos y ánimo en todo el proceso de investigación. Sin él este libro no sería el mismo.

TRABAJOS CITADOS

New York Times 10 de abril de 1929.

Los Angeles Times 23 de noviembre de 1930.

Herald Tribune 9 de marzo de 1928.

Herald Journal 17 de noviembre de 1940: sd.

Pittsburg Post Gazette 15 de junio de 1942: sd.

New York Times 15 de Abril de 1934.

"A Night in Argentina! Held at Raleigh Hotel." *The Washington Post* 2 de Diciembre de 1937: 16.

"Advertised." *New York Times* 24 de junio de 1938: 26.

"An Argentine Importation." *New York Times* 28 de enero de 1935: 10.

"Argentina Growing at a Rapid Pace." *New York Times* 23 de octubre de 1910: 2.

"Argentina's Officers and Midshipmen Here Are Initiated into Washington's Social Life." *The Washington Post* 14 de julio de 1938: 2.

"Argentine is the Origin of the All World Program." *The Washington Post* 23 de febrero de 1937: 4.

"Bailes de Carnaval." *Caras y Caretas* 21 de Febrero de 1904: NRO 281 Pg.32.

"Berlin is Tango Mad." *New York Times* 19 de octubre de 1913: C 2.

"Blames Consumers for Cost of Living." *New York Times* 20 de marzo de 1914: 12.

"Broadway Players delight the Bowery." *New York Times* 16 de septiembre de 1912: 13.

"Buena Propaganda." Caras y Caretas 21 de Enero de 1911: Nro.642.

"Calls Dance Mania Psychic Epidemic." *New York Times* 16 de abril de 1914: C 8.

"Caruso Records Are Imperishable." *New York Times* 4 de Agosto de 1921: 3.

"Cinema." *New York Times* 16 de Abril de 1939.

"Costume Fete Aids." *New York Times* 19 de Octubre de 1939: 20.

"Dance of Decorum to Replace Rumba." *New York Times* 29 de Agosto de 1931: 6.

"Dance Tango Too Well." *New York Times* 13 de Junio de 1926: 13.

"Dancers from Paris Introduces New Steps in Society." *New York Times* 10 de Diciembre de 1911: SM10.

"Depression Charged to Pessimism." *Los Angeles Times* 26 de Julio de 1930: 1.

"Diagnoses 'Tango Foot." *New York Times* 31 de mayo de 1914: C 2.

"Done by the Phonograph." *New York Times* 10 de abril de 1898: 6.

"El Exito del Tango." *Caras y Caretas* 20 de Julio de 1912: 52.

"El Tango en Europa." *Caras y Caretas* 1 de Noviembre de 1913: 23.

"El Tango en la Antigua Grecia." *Caras y Caretas* 20 de Septiembre de 1913: 31 Nro 781.

"El Tango." *Caras y Caretas* 12 de Julio de 1912: 85.

"Famous Stars sings First Time By Radio to 6.000.000 People." *New York Times* 2 de Enero de 1925: 1.

"Fashion in Dancing." *Times* 25 de marzo de 1914: 3.

"Foot Work as Boxer Convinced Him He Could Dance Now He's a Champion." *The Day Book* 23 de marzo de 1914: s/d.

"Foreign Trade Opportunities." *New York Times* 6 de enero de 1910: 12.

"Gen. Reyes Visits the 'Land of The Silver River.'" *New York Times* 10 de agosto de 1913: SM7.

"Graceful Tango." *Los Angeles Times* 31 de Mayo de 1936: C6.

"Gramophone Corporation Report." *New York Times* 26 de mayo de 1901: 22.

"Harper Highlights." *New York Times* 12 de Febrero de 1933: 80.

"Hear Master's Composition." *Los Angeles Times* 15 de Agosto de 1925: A 3.

"Here and There." *Evening Post* 31 de enero de 1938: sd.

"Here ir the 'Real' Tango." *New York Times* 14 de enero de 1914: III 4.

"Hollywood Tango Next." *New York Times* 17 de Agosto de 1932: 15.

"Immoral Dancing Reduced by Charleston, Says Murray." *The Atlanta Constitution* 8 de Julio de 1926: 5.

"In the Place of Tango." *Times* 28 de julio de 1914: 2.

"Jazz Tires London; Tango Is taught." *The Washington Post* 1 de diciembre de 1929: 6.

"Jazz'er UO! La conquista de Broadway de Europa." *The New York Times* 18 de diciembre de 1921.

"Judicial O.K. on Tango." *Los Angeles Times* 17 de octubre de 1913: 14.

"La Cruzada del Tango en Nueva York." *Caras y Caretas* 14 de mayo de 1929: 33.

"La Locura de la Jazz Band." *Caras y Caretas* 14 de agosto de 1920: Nro. 1141.

"La vida nocturna." *New York Times* 30 de enero de 1921: 4.

"Leaders of New Tango Club." *Los Angeles Times* 10 de octubre de 1913: II 1.

"Loop Stores Cannot Run City." *Day Book of Chicago* 1915 de mayo de 1915: s/r.

"Los Reyes del Tango." *La Canción Moderna* 9 de noviembre de 1935: nro. 399.

"Los Reyes del Tango: Canaro." *La Canción Moderna* 28 de octubre de 1935: Nro. 393.

"Los Reyes del Tango: Fresedo." *La Canción Moderna* 12 de octubre de 1936: Nro. 395.

"May Get Additional Hour to Dance Tango In New York." *New York Times* 29 de mayo de 1914: 9.

"Miss Kelly Defiant; Mother Bides Time." *New York Times* 3 de Octubre de 1915: 24.

"Miss Kelly Sorry, Returns to Mother." *New York Times* 26 de mayo de 1915: 8.

"Moderation is Society Edit." *Los Angeles Times* 22 de enero de 1922: V 13.

"Music and Musicians." *Los Angeles Times* 27 de septiembre de 1931: B15.

"Musical Romance in Spanish." *New York Times* 3 de Julio de 1933: 6.

"New Step." *New York Times* 4 de marzo de 1934.

"New York Has Its Moulin Rouge." *New York Times* 28 de Diciembre de 1912: 12.

"News of Night Clubs." *New York Times* 15 de Enero de 1939: X2.

"News of the Cafee." *New York Times* 21 de febrero de 1931: sd.

"News of the Night Club." *New York Times* 3 de Julio de 1938: 104.

"News of the Night Clubs." *New York Times* 26 de junio de 1938: 130.

"No Tango 'Ads' Received." *New York Times* 9 de diciembre de 1913: C4.

"Notable Cast on the Stage Ditto Screen." *The Washington Post* 30 de Noviembre de 1930: S/D.

"Nymph Shocks Police Censor." *Los Angeles Times* 6 de junio de 1913: 12.

"On the Air today." *The Washington Post* 24 de junio de 1936.

"Opera by Phonograph." *Los Angeles Times* 21 de abril de 1893: 12.

"Opera Teas Start for Fund Campaign." *New York Times* 16 de Abril de 1933: N3.

"Over Eight Millions Put into Music Here Yearly." *Los Angeles Times* 10 de mayo de 1914: II 1.

"Pan American Conference to be much feted." *The Washington Post* 3 de septiembre de 1930: 4.

"Pastor Approves Ban on the Tango." *New York Times* 5 de enero de 1914: 5.

"Paul Jones Club Holds Charity." *New York Tribune* 23 de abril de 1915: 9.

"Pope Denounces the 'New Paganism'." *New York Times* 16 de enero de 1914: 4.

"Pope Saw Tango, Rome Story Says." *New York Times* 28 de enero de 1914: 4.

"Prince of Wales, Showing Tango." *New York Times* 5 de julio de 1931: 36.

"Proletarian Dances Invented for Soviets." *New York Times* 2 de Enero de 1927: 2.

"Publicidad Casa Lepage." *Caras y Caretas* 23 de Marzo de 1907: Nro. 442.

"Publicidad Victor." *Caras y Caretas* 1915.

"Publicidades New York Times." *New York Times* 16 de mayo de 1922: II 9.

"Rabbi Praises Tango." *New York Times* 26 de enero de 1914: 7.

"Radio Fails to Displace Phonograph." *New York Times* 1 de octubre de 1925: 20.

"Radio Program Has Wide Range." *Los Angeles Times* 29 de Julio de 1929: A5.

"Reclamación Filarmónica." *Caras y Caretas* 22 de marzo de 1902: 32 Nro. 181.

"Remarkable Funeral." *Los Angeles Times* 20 de Agosto de 1890: 4.

"Romance of Tango Ends in a Frizzle." *New York Times* 23 de abril de 1914: 9.

"Rumba and Foxtrot Held to Be Foes of Soviet Youth." *New York Times* 28 de Agosto de 1935: 19.

"Says Negroes Began Tango." *New York Times* 29 de Octubre de 1928: 4.

"Scientific Miscellany." *Los Angeles Times* 11 de Junio de 1886: 3.

"See Plays by Machine." *New York Times* 7 de septiembre de 1903: 1.

"Seeks to enjoy Tango." *New York Times* 16 de julio de 1914.

"Society and Entertainment." *New York Tribune* 14 de Diciembre de 1912.

"Society." *New York Times* 27 de Noviembre de 1921: X7.

"South American Way. An Account of the New Film Production Now Burgeoning in the Argentine." *New York Times* 11 de agosto de 1940: 3.

"Super Tango Tea." *New York Tribune* 14 de junio de 1914: C4.

"Tango and Rhumba are making bids for popularity on U.S dance floors." *The Washington Post* 13 de marzo de 1937: 24.

"Tango by Sem." *New York Times* 4 de Agosto de 1913: 3.

"Tango Captivates German Capital." *New York Times* 13 de Noviembre de 1913: C3.

"Tango Club Will Hold Dance." *The Atlanta Constitution* 10 de Febrero de 1924: E8.

"Tango Craze in Berlin." *New York Times* 28 de Septiemnre de 1913: 3.

"Tango Gains Popularity." *Los Angeles Times* 22 de Marzo de 1931: B16.

"Tango Is Approved by Archbishop." *New York Times* 25 de mayo de 1920: 17.

"Tango Official Approved." *Los Angeles Times* 24 de octubre de 1913: II 5.

"Tango Time." *New York Times* 24 de julio de 1913: 9.

"Tango Vs Jazz: Dixie Pals." *La Canción Moderna* 16 de Noviembre de 1935: Nro. 400.

"Tango Vs Jazz: Eduardo Armani." *La Canción Moderna* 5 de octubre de 1935.: Nro. 394.

"Tango Vs Jazz: Rudy Ayala." *La Canción Moderna* 23 de Noviembre de 1935: Nro. 401.

"Tango, then Tuberculosis." *New York Times* 20 de Julio de 1914: 4.

"Tangomania's Get the Whole Family." *Los Angeles Times* 26 de enero de 1913: E8.

"Tea and Tango to Aid Charity." *Los Angeles Times* 31 de Octubre de 1913: II 6.

"That Ragtime Jubilee." *New York Times* 31 de Julio de 1938: 126.

"The Dance: Castle Style." *New York Times* 16 de abril de 1939: X6.

"The Gauchos Arrive for Tour." *New York Times* 13 de junio de 1926.

"The Insidious Waltz." *Chicago Daily Tribune* 26 de junio de 1921: 5.

"The Microphone will Present." *New York Times* 18 de Noviembre de 1928: C6.

"The Microphone will Present: Artist." *New York Times* 22 de Diciembre de 1929: s/d.

"The Night Clubs of London." *Times* 14 de Febrero de 1914: SR.

"The phonograph as an Aid to Rapid Typesetting." *Manufacturer and Boulder* Vol. 23, Issue 12, Diciembre , 1891.

"The Screen." *New York Times* 29 de diciembre de 1934: 11.

"Thieves Betrayed by a Phonograph." *New York Times* 13 de mayo de 1910: 7.

"To Dance for Boys Benefit." *Los Angeles Times* 24 de noviembre de 1922: II 8.

"Vatican Prohibits Tango." *New York Times* 16 de enero de 1918: 9.

"Vernon Castle." *Caras y Caretas* 9 de Mayo de 1914: Nro. 831.

"Victor Company Enters Radio Field." *New York Times* 25 de abril de 1925: 25.

"Whiteman fue en sus orígenes un músico clasicista." Caras y Caretas (4 de agosto de 1928): Nro. 1557.

"Why the Tango is Taboo." *Chicago Daily Tribune* 12 de Diciembre de 1912: 6.

"Why We Dance." *The Musical Quarterly* Vol 16, Nro 4. Octubre, 1920.

"Will Tango 'Go Round' World?" *The Day Book* 7 de abril de 1914: s/d.

"Woman Walks Thirteen Miles." *The Day Books of Chicago* 10 de abril de 1914: S/d.

"Women of 1917 'The Flapper.'" *The Day Book* 17 de enero de 1917: 13.

"Yes, Mr Corey Dances Tango." *Los Angeles Times* 17 de enero de 1914: I 1.

Allen, Frederick. *Only Yesteday: An Informal History of the 20th.* Nueva York: Harper Collins, 2000.

Azzi, Susana. *Antropología del tango. Los protagonistas.* 2da. edición. Buenos Aires: Ediciones Olvarria, 1991.

Bakker, Gerben. "Structural Change and the Growth Contribution of Services: How Motion Pictures Industrialized US Spectator Entertainment." *Working Papers Nro. 104/07*, London School of Economics (2007).

Balio, Tino. *Grand Design: Hollywood as a Modern Business Enterprise 1930-1939*. Los Angeles: University of California Press, 1995.

Barry, Richard. "Tango Pirates Infest Broadway." *New York Times* 30 de Mayo de 1915: SM 16.

Barsky, Julián and Osvaldo Barsky. Gardel. *La biografía*. Buenos Aires: Taurus, 2004.

Bergero, Adriana. *Intersecting Tango: Cultural Geographies of Buenos Aires, 1900-1930*. Pittsburgh: University of Pittsburg Press, 2008.

Beuick, Marshall. "The Limited Social Effect of Radio Broadcasting." *The American Journal of Sociology* (Jan. 1927).

Bogardus, R.F. "The Reorientation of Paradise: Modern Mass Media and Narratives of Desire in the Making of American Consumer Culture." *American Literary History*. Vol. 10. Nro. 3 (Autumn 1998).

Bowman, LeRoy and María War Lambin. "Evidences of Social Relations as seen in Types of New York City Dance Halls." *Journal of Social Forces* (1925): 286-291.

Brook, Tim. "High Drama in the Record Industry. Columbia Records, 1901-1934." *The Columbia Master Book Discography*. Greenwood Press, 1999.

Cadícamo, Enrique. *Mis Memorias*. Buenos Aires. Buenos Aires: Corregidor, 1995.

Caimari, Lila. "Avatares de la ciudad del tango." A Contracorriente. *A Jounal on Social History an Literature in Latin America* (2008): Vol. 6, No. 1, Fall 2008, 253-260.

Cassio, Guillermo. *Jean Richepin y el tango argentino en París en 1913*. Buenos Aires: Corregidor, 1999.

Castro, Donald. *The Argentine Tango as Social History: 1880-1955. The soul of the people*. Lewiston, NY: The Edwin Mellen Press, Ltd. , 1991.

Chalmers, Stephen. "How Broadway's magic affects the Stranger." *New York Times* 11 de diciembre de 1904: SM 5.

Collier, Simon. *Carlos Gardel. Su vida, su música, su época.* Buenos Aires: Sudamericana, 1988.

Crowther, Bosley. "Screen: Down Argentine Way." *New York Times* 18 de octubre de 1940: sd.

—. "That Night in Rio." New York Times 10 de Marzo de 1941: sd.

—. "The Screen in Review." New York Times 11 de octubre de 1940: D7.

"David Sarnoff. " www.davidsarnoff.org/vtm-chapter8.html.

Dinzel, Rodolfo. *El tango: una danza.* Buenos Aires: Corregidor, 1994.

Encyclopedic Discography of Victor Recordings. <http://victor.library.ucsb.edu/>.

Erenberg, Lewis. "From New York to Middletown: Repeal and the Legitimization of Nightlife in the Grear Depression." *American Quartely.* Vol 38, Nro. 5 (Winter 1986).

Fabrizio, Timothy. *Antique Phonograph Advertising: An Illustrated History.* New York: Schiffer Publishing, 2002.

Falicov, Tamara. "Hollywood's Rogue Neighbor: The Argentine Film Industry during the Good Neighbor Policy,1939-1945." *The Americas.* Vol. 63, No. 2 (2006): 245-260.

Fitzgerald, Scott. *My Lost City: Personal Essays, 1920-1940.* New York/Cambridge: Cambridge University Press, 2005.

Franceschi, Humberto. *A Casa Edison e Seu Tempo.* Sao Pablo: Sarapui, 2002.

Frantz, Alfred. "South American Way." *New York Times* 11 de Agosto de 1940: 104.

Freire-Medeiros, Bianca. "Hollywood Musicals and the Invention of Rio de Janeiro, 1933-1953." *Cinema Journal.* Vol. 41, No. 4 (Summer, 2002): 52-67.

Fritzsche, Peter. Berlín 1900. *Prensa, lectores y vida moderna.* Buenos Aires: Siglo XXI, 2009.

Fuente, Ernesto de la. "Los Reyes del Tango: Enrique Delfino." *Caras y Caretas* 4 de agosto de 1928: Nro. 1557 P. 121.

Garramuño, Florencia. *Modernidades Primitivas: Tango, Samba, y Nación*. Buenos Aires: Fondo de Cultura Económica, 2009.

Goldberg, David S. "The New York city Spanish Fiestas – a city Wide Project." *Hispania*. Vol. 15, Nro. 4 (octubre 1932.): 44-46.

Gould, Jack. "News and Gossip of Night Clubs." *New York Times* 17 de abril de 1938: 142.

—. "TV: New Phenomenon; Elvis Presley Rises to Fame as Vocalist Who Is Virtuoso of Hootchy-Kootchy." *New York Times* 6 de Junio de 1956: 67.

Gronow, Pekka. "The Growth of a Mass Medium." *Popular Music*. Vol 3. (1983): 53-75.

—. "The Record Industry Comes to the Orient." *Ethnomusicology*. Vol. 25, Nro. 2 (1991 Mayo).

Groppa, Carlos. *The Tango in the United States*. Los Angeles: McFarland, 2004.

Gurnee, Odgers T. "How to Dance the Tango , No. 1." *The Mt. Sterling Advocate* 19 de agosto de 1914: S/d.

Gury, Jeremy. "Dancing in Soviet Union Becomes National Hobby." *The Washington Post* 21 de Noviembre de 1937: TS 10.

Henry, O. "The Duel." *The Complete Works of O'Henry*. New York: Doubleday, 1953.

Hetrick, Harold. "Good Neighbors through Music." *Music Educator Journal* (1941): 87-99.

Hoganson, Kristin. "The Fashionable World. Imagined Communities of Dress" en Burton, Antoinette. *After the Imperial turn. Thinking with and trough the Nation*. Durham, NC: Duke University Press, 2003.

Hopkins, John S. *The Tango and Other Up-to-date Dances; A Practical Guide to All the Latest Dances, Tango, One Step, Innovation, Hesitation, etc., Described Step by Step by J. S. Hopkins; Illustrated with Photographs Posed by Mr. and Mrs. Vernon Castle, Joseph C. Smith*. Chicago: The Saldfield Publishing Co., 1914.

Jackson, Jeffrey. "Music Halls and the Assimilation of Jazz in 1920s Paris." *Journal of Popular Culture*. Vol 34 Issue 2 (1994).

Jones, Colin. Paris. *The Biography of a City*. Nueva York: Penguin Books, 2005.

Katz, Mark. "Making América More Musical through the Phonograph, 1900-1930." *American Music*. Vol. 16 (Winter 1998): 448-476.

Kinney, Troy and Margaret West. *Social Dancing of To-day*. New York: Frederick A. Stokes Company, 1914.

Laing, Dave. "A Voice Without a Face: Popular Music and the Phonograph in the 1890s." *Popular Music*. Vol 10, Nro. 1. (1991): 1-9.

Lerner, Michael. *Dry Manhattan. Prohibition in New York City*. Cambridge, MA: Harvard University Press, 2007.

Leuchtenburg, William. *The Perils of Prosperity 1914-1930*. Chicago: University of Chicago Press, 1992.

Levine, Lawrence. *The Unpredictable Past*. New York/Oxford: Oxford University Press, 1993.

—. *Black Culture and Black Consciousness*. New York/Oxford: Oxford University Press , 1978.

Libbey, Laura. "Girls Who Err in Entertaining their Young Men." *Los Angeles Times* 12 de noviembre de 1913: II 3.

Lougheed, Kenwood. Citados en "The Record Industry Comes to the Orient." (Nro 2 May 1981 Vol 25): 184-251.

Maisonneuve, Sophie. "De la machine parlante au disque: Une innovation technique, commerciale et culturelle." *Veintieme Siecle. Revue d´historie*. Nro. 92 (octubre-diciembre 2006): 26-33.

Martin, John. "The Dance Castle Style." *New York Times* 16 de Abril de 1939: X6.

Marty, Daniel. *Histoire Ilustrée du Phonographe*. Paris: Lausenne Edit, 1987.

Masson, Thomas. *The New York Times* 16 de mayo de 1909: 12.

Matallana, Andrea. *Qué saben los pitucos. La experiencia del tango entre 1900 a 1940*. Buenos Aires: Prometeo, 2009.

Matamoro, Blas. *La Ciudad del Tango*. Buenos Aires: Galerma, 1982.

Maurice. *The Tango and the New Dances for Ballroom and Home.* Chicago: Laird and Lee, Inc, 1914.

Méndez Pereira, Octavio. "The Significance of Hispanic American Defense of the Continent." *Pacific Historical Review.* Vol. 10, Nro. 1 (1941.): 118.

Moore, Thomas Gale. "The Demand for Broadway Theatre Tickets." *The Review of Economics and Statistics.* Vol. 48. Nro. 1 (Feb. 1966): 77-87.

Morgan, Genne. "That Tango Thing." *The Day Book of Chicago* 13 de Agosto de 1913: 13.

Mother, Anxious. "Old Style Parents and New Style." *New York Tribune* 13 de agosto de 1922: VI 1.

Moura, Gerson. *Tío Sam chega ao Brasil.* Sao Paulo: Brasilense, 1984.

Parker, D. C. "Exoticism in Music in Retrospect." *The Musical Quarterly.* Vo. 3 Nro. 1. (Jan. 1917): 134-151.

Pitta, Sargento. "El Tango Criollo." *Caras y Caretas* 7 de Febrero de 1903: 43.

Pollard, Percival. "The Night Life of Four Great European Cities." *New York Times* 16 de mayo de 1911: 9.

Prietz, W. "The Phonograph in Africa" en Attridge, Derek at al. *Post-structuralism and the Question of History.* New York/ Cambridge: University of Cambridge, 1987. 263.

Pujol, Sergio. *Historia del Baile: de la milonga a la disco.* Buenos Aires: Emecé, 1999.

—. *Valentino en Buenos Aires.* Buenos Aires: Emecé, 1994.

Romano, Eduardo. *Sobre la Poesía Popular Argentina.* Buenos Aires: Ceal, 1983.

Rybczynski, Witold. *City Life.* Nueva York: Touchstone Book, 1996.

Salas, Horacio. *Homero Manzi y su tiempo.* Buenos Aires: Javier Vergara Editores, 2007.

Salaverria, José. "El Tango Caricaturizado." *Caras y Caretas* 31 de Enero de 1914: 65-66.

Savigliano, Marta. *Tango And The Political Economy Of Passion.* Boulder: Westview Press, 1995.

Schorske, Carl. *Viena Siglo XX.* Buenos Aires: Siglo XXI, 2010.

Senett, Richard. Carne y Piedra. El cuerpo y la ciudad en la civilización occidental. Madrid: Alianza Editorial, 1994.

Sooy, Harry. "http://victor.library.ucsb.edu/index.php/resources/detail/62." Career, Memoire of my. 2010.

Tyler, Linda. "Commerce and Poetry Han in Hand: Music in American Department Stores, 1880-1930." *Journal of the American Musicological Society.* Vol. 45, Nro. 1. (Spring 1992): 75-120.

United States Department of Commerce. *Historical Statistics of the United States, 1901-1950.* Washington: Bureau of Foreign and Domestic Commerce, 1950.

US Government: Recent Social Trends in the US. *Recent Social Trends in the US.* Vol 2, Chapter 18. Washington: US Goverment, 1929.

Valentino, Rudolf. "My Life Story." *The Atlanta Constitution* 8 de julio de 1926: 5.

—. "My Life Story." *The Atlanta Constitution* 4 de noviembre de 1926.

Van Paassen, Pierre. "The light of the Atlantic." The Atlanta Constitution 28 de junio de 1928: 3.

Vila, Pablo. "Le tango et la formation des identités ethniques en Argentine" en Pelinsky, Ramón. *Tango Nomade. Etudes sur le tango transculturel.* Montreal: Triptyque, 1995. 77-107.

Walter, Carolina. *The Modern Dances How to Dance Them.* Chicago: Published by Saul Brothers, 1914.

White, E. "The Stock Market Boom and Crash of 1929 Revisited." *The Journal of Economic Perspectives.* Vol. 4 Nro. 2 (Spring 1990).

White, John. "Argentina Steps into a Leading." *New York Times* 6 de diciembre de 1936: SM8.

Zagni, Rodrigo Medina. "Imagens Projetadas do Imperio. O Cinema Hollywoodiano e a Construcao de uma Identidade Americana para a Política da Boa Vizinhanca." *Cadernos PROLAM/UPS.* Año 8, Vol. 1 (2008.): 77.

Zeitz, Joshua. *Flapper.* New York: Three Rivers Press, 2006.